# Sweet sixteen
## - craft store -

Proyecto de Susaeta Ediciones, S.A.
Dirección editorial: Isabel Ortiz
Dirección de la colección: Isabel López
Textos y fotografías: Virginia Pampliega / Marian García
Corrección: Isabel López / Equipo Susaeta
Diseño gráfico: Indusagro / Equipo Susaeta
Preimpresión: Marta Alonso

© SUSAETA EDICIONES, S.A. - Obra colectiva
Tikal Ediciones
C/ Campezo, 13 - 28022 Madrid
Tel.: 91 3009100 - Fax: 91 3009110
www.susaeta.com
D.L.: M-8912-MMXIV

# TALLER de MANUALIDADES

# Punto

## Técnicas y proyectos

Virginia Pampliega • Marian García

**TIKAL**

# ÍNDICE

# INTRODUCCIÓN

Desde pequeñitas nos hemos sentido atraídas por todo tipo de labores. Como en tantos casos, la familia y, en concreto, nuestras madres y abuelas, hicieron de profesoras y nos enseñaron todos sus trucos y técnicas en costura, punto y ganchillo. En su época era raro encontrar una mujer que no supiera tejer o bordar, pero en nuestros tiempos las cosas habían cambiado, y no negaremos que nos miraban un poco raro en el colegio si decíamos que ese jersey nos lo habíamos hecho nosotras.

La verdad es que en España, durante mucho tiempo, las labores quedaron relegadas a las «abuelas», y las nietas ya no querían aprender. Por suerte, estas cosas cambian y, hoy en día, labores como la costura, el punto o el ganchillo han vuelto para quedarse. Se han modernizado los materiales y patrones, y el tejer se ha convertido en un fenómeno social. Desde los grupos de *knitting*, hasta las tiendas donde se imparten clases o las sesiones de tejido en público han hecho que gente cada vez más joven se acerque a estas técnicas que tantas satisfacciones nos proporcionan.

Es cierto que, en ocasiones, la primera vez que nos enfrentamos a las agujas nos puede causar cierto estrés. Podemos pensar aquello de «yo no voy a ser capaz», pero sí somos capaces. Con un poco de paciencia cualquiera de nosotros es capaz de tejer todo tipo de prendas de punto. Y lo mejor de todo es la satisfacción de terminar nuestro gorro o nuestro jersey y poder afirmar: «¡Lo he hecho yo!». Hoy en día, todo lo realizado a mano está muy valorado, en detrimento de la ropa producida en serie que nos venden las grandes marcas. El podernos diferenciar con una pieza única que nosotros hemos realizado es una experiencia muy gratificante. Además, nos ayuda a liberarnos del estrés del día a día, ya que es muy relajante.

Sin querer entrar en datos históricos que nos llevarían otro libro completo, podemos decir que, aunque no se conoce del todo el origen de esta técnica debido a que los tejidos se degradan y no resisten bien el paso del tiempo, una de las teorías más extendidas apunta a que proviene de Oriente Medio y que tiene más de 3.000 años. A partir de aquí, gracias a los navegantes y artesanos de la época, se extendió por España y luego por el resto de Europa.

Quizá uno de los datos que hoy llaman más la atención es el hecho de que tradicionalmente el arte de tejer estaba en manos de los hombres, no de las mujeres. En el siglo xv se crea en Francia el primer gremio de tejedores o calceteros, integrado solo por hombres, ya que las únicas mujeres que podían formar parte del mismo eran las viudas que se quedaban en el puesto del marido.

En 1589, William Lee inventa la primera tricotadora con la idea de acelerar el proceso de la fabricación del tejido. Esto hace que el tejer punto quede relegado a los pueblos y aldeas, donde no había dinero para conseguir una tricotadora, y al ámbito doméstico, donde ahora ya son las mujeres las que empiezan a dominar la técnica.

En la actualidad, también el hombre empieza de nuevo a tejer. En muchos países del norte de Europa se les enseña en la escuela y cada vez es más frecuente ver a hombres formando parte de grupos de tejedores y tejedoras.

En este libro hemos reunido proyectos sencillos, para que empecéis a hacer punto sin miedo, y otros más complicados para que evolucionéis en el conocimiento de la técnica. Cuando empecéis a tejer os daréis cuenta de que es más sencillo de lo que parece... ¡y de que también vosotros sois capaces de hacerlo!

# MATERIALES y UTENSILIOS

## AGUJAS RECTAS

Las agujas rectas son las más comunes y la mejor elección a la hora de aprender. En el mercado las podemos encontrar de múltiples largos y grosores, para que se puedan adecuar a las distintas formas de tejer y sujetar las agujas, así como a los distintos grosores de la lana. También las encontramos de diferentes materiales, como bambú, metal, plástico, madera, etc.

La elección de los materiales y la longitud de la aguja solo depende de lo que nos resulte más cómodo; sin embargo, el grosor de las agujas dependerá de la lana o el hilo que utilicemos. En la etiqueta de la lana, encontramos siempre un símbolo que nos da una idea de las agujas que podemos usar, pero siempre podemos elegir un grosor distinto en función del acabado que deseemos. Por ejemplo, una lana que viene para agujas del 5 podemos tejerla con unas agujas de 7 mm para que nos quede más suelto el tejido.

Plástico

Bambú

Metal

## AGUJAS DE DOBLE PUNTA

Las agujas de doble punta las podemos encontrar en paquetes de 4 y de 5 agujas. Si bien hay distintos largos, suelen ser más cortas que las agujas rectas. Los grosores funcionan igual en las rectas, las circulares y las de doble punta.

El material más tradicional es el metal, pero actualmente las encontramos también de bambú, plástico y madera.

Este tipo de agujas nos permite trabajar en redondo, creando una sola pieza sin costuras para calcetines, cuellos, gorros, etc. Son ideales para labores pequeñas, ya que, por el largo que suelen tener, no nos permiten meter muchos puntos.

antes. En el mercado podemos encontrar agujas de los distintos grosores con un cable fijo (cada grosor de agujas tiene distintos largos de cable para elegir), pero encontramos también agujas circulares de un grosor con cable intercambiable, de manera que con las mismas agujas tenemos distintos largos de cable.

Son perfectas para trabajar en redondo piezas grandes y para labores que, aunque no sean redondas, requieran de un gran número de puntos, ya que el largo del cable nos da mucha capacidad.

A continuación podéis ver también un cuadro de conversión del grosor de las agujas en función de las distintas nomenclaturas utilizadas.

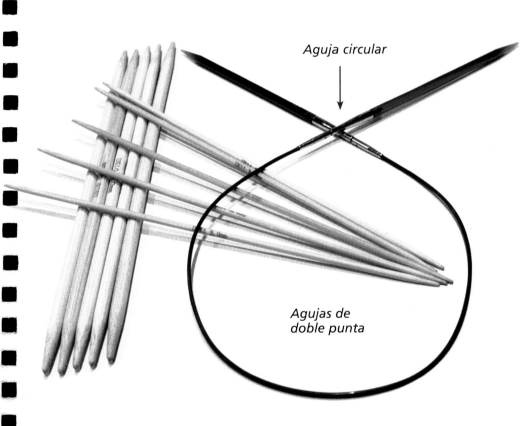

*Aguja circular*

*Agujas de doble punta*

## AGUJAS CIRCULARES

Las agujas circulares se componen de dos agujas cortas unidas entre sí por un cable de largo variable, que puede llegar hasta el metro y medio. Los materiales son los mismos que en los otros tipos de agujas y el cable suele ser de plástico flexible.

El largo del cable debe ser lo más parecido posible al ancho de la labor que queramos tejer. El grosor de las agujas funciona igual que en los otros tipos, como hemos explicado

### GROSOR DE LAS AGUJAS

| SISTEMA MÉTRICO | US | UK |
|---|---|---|
| 1,5 mm | 000/00 | No existe |
| 2 mm | 0 | 14 |
| 2,25 mm | 1 | 13 |
| 2,5 mm | No existe | No existe |
| 2,75 mm | 2 | 12 |
| 3 mm | No existe | 11 |
| 3,25 mm | 3 | 10 |
| 3,5 mm | 4 | No existe |
| 3,75 mm | 5 | 9 |
| 4 mm | 6 | 8 |
| 4,5 mm | 7 | 7 |
| 5 mm | 8 | 6 |
| 5,5 mm | 9 | 5 |
| 6 mm | 10 | 4 |
| 6,5 mm | 10,5 | 3 |
| 7 mm | No existe | 2 |
| 7,5 mm | No existe | 1 |
| 8 mm | 11 | 0 |
| 9 mm | 13 | 00 |
| 10 mm | 15 | 000 |
| 12 mm | 17 | No existe |
| 15 mm | 19 | No existe |
| 20 mm | 35 | No existe |

# AUXILIARES

**1.- Bobinas para lana.** Son ideales cuando vamos a usar poca cantidad de lana, por ejemplo cuando tejamos en varios colores.

**2.- Ganchillos.** Nos ayudan a recoger puntos cuando se nos escapan y además nos sirven para realizar pequeños remates. También nos pueden ayudar para recoger puntos alrededor del cuello o escote una vez cerrada la labor.

**3.- Contador de vueltas.** Se mete en la aguja y nos ayuda a ir contando las vueltas que realizamos. Por ejemplo, nos ayuda a no perdernos en labores en las que hay que hacer aumentos cada número determinado de vueltas, o para realizar determinados motivos.

**4.- Alfileres.** Para sujetar la labor cuando vamos a coser o a unir piezas.

**5.- Tapones para las puntas.** Cumplen una doble función: la primera, proteger la punta para que no se golpee y pueda dañarse; la segunda, cuando estamos tejiendo, para evitar que se salgan los puntos cuando dejamos la labor en espera.

**6.- Cinta métrica.** La usaremos constantemente para ir comprobando las medidas.

**7.- Tijeras.** Deben estar bien afiladas para que corten bien la lana.

**8.- Marcadores de puntos.** Se usan para señalar el inicio de una zona determinada de la labor, por ejemplo de un dibujo, marcar el inicio de la vuelta de aumentos, etc. En las agujas circulares y de doble punta nos ayudan a identificar el inicio y final de vuelta.

**9.- Aguja para ochos y trenzas.** Son agujas de doble punta, metálicas o de plástico, con una zona más baja, que nos ayudan a dejar en espera puntos que se tejerán más tarde. La doble punta hace que se puedan tejer directamente sin vol-

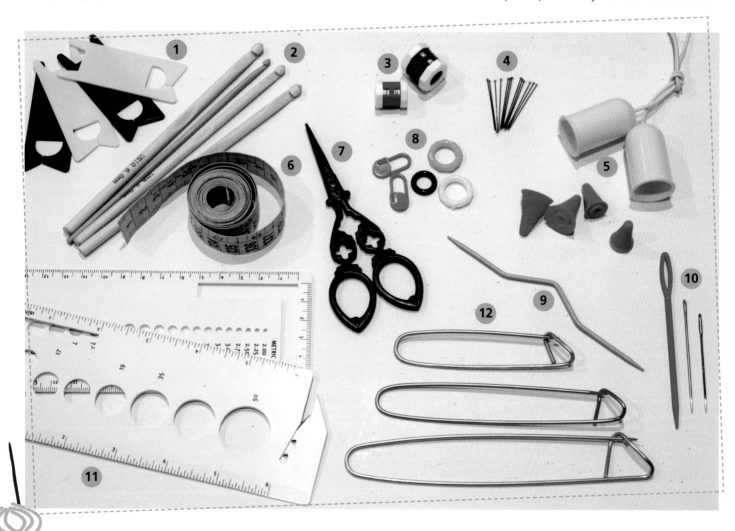

ver a pasar los puntos a la aguja de tejer. La parte más baja es donde descansan los puntos mientras están en espera, evitando que se salgan.

— **10.- Agujas para lana.** Son agujas especiales para coser lana, ya que tienen el ojo más ancho. Para lanas gruesas se pueden usar las más grandes de plástico. También se pueden usar las agujas de tapicería sin punta para unir las piezas.

— **11.- Calibrador de agujas.** Para medir el diámetro de las agujas si no sabemos su grosor, bien porque se ha borrado, bien porque viene en otra nomenclatura, o para agujas de doble punta, que no suelen venir numeradas.

— **12.- Imperdibles grandes.** Para dejar puntos en espera que se tejerán en otro momento. Por ejemplo, si dividimos la labor en dos y tejemos cada lado por separado, mientras tejemos la primera parte dejamos aquí los puntos para que no se escapen.

# HILOS, LANAS Y OTROS MATERIALES PARA TEJER

Lo primero que tenemos que hacer cuando vamos a empezar a tejer es elegir el material que queremos usar. Afortunadamente el mercado nos ofrece una amplia variedad de grosores, colores, texturas y materiales que podemos utilizar para nuestra labor. Ninguna elección es mejor que otra; siempre va a depender del acabado que queramos, de nuestro gusto personal y, cómo no, de la moda del momento.

Las fibras que vamos a encontrar son de origen animal, vegetal o sintético, aunque lo más normal es que sean mezcla de ellas. A la hora de elegir, tenemos que asegurarnos de que sea lo más suave y agradable al tacto posible. Para ello, lo ideal es pasarnos el ovillo por el cuello, que es una de las zonas donde tenemos la piel más sensible. Si el tacto nos resulta demasiado rugoso o nos pica, entonces debemos elegir una calidad distinta.

La elección del material va a condicionar no solo el acabado, sino también cuestiones como la aguja que deberemos utilizar, el lavado o el tiempo que tardaremos en terminar la labor. Otra cuestión importante que debemos plantearnos es para qué época del año queremos la prenda; por ejemplo, una chaqueta de verano debe ser de algodón, pero para invierno, por gordito que sea el algodón, siempre nos va a abrigar más si es de lana.

Normalmente, cuando vamos a comprar lana, algodón o cualquier otro material, lo vamos a encontrar en ovillo o en madeja. Hay que tener especial cuidado en mirar los metros que vienen, ya que normalmente los ovillos son de 50 o 100 g pero, si es un material muy gordo o muy pesado, tendrá pocos metros y necesitaremos mayor cantidad de ovillos. Todos los proyectos que encontramos en libros y revistas vienen tejidos con una marca y calidad determinadas, pero no siempre es posible conseguir ese material. A la hora de sustituirlo, debemos fijarnos en la descripción de dicho material y emplear algo similar en composición y grosor.

## Lana

La lana es una de las fibras textiles más utilizadas. De origen animal, suele provenir del pelo de la oveja, que es la más habitual. Hay tantos tipos de lana como razas de ovejas pero, además, puede obtenerse lana de otros animales, como la angora (del conejo de angora), el cachemir o el mohair (de la cabra), la alpaca (que proviene del animal del mismo nombre), etc. Es un material elástico y resistente que absorbe la humedad y aísla del frío.

## Algodón

El algodón es la fibra de origen vegetal más utilizada. Es ideal para prendas de verano o entretiempo, ya que proporciona un tejido más fresco. El algodón es menos elástico que la lana y puede costar un poco más tejerlo, pero el acabado es muy versátil, con gran facilidad para el lavado y el planchado.

## Sintéticas

Son fibras creadas de manera artificial. El acabado nunca es tan duradero como cuando usamos fibras naturales, pero lo normal es que se usen en mayor o menor proporción mezcladas en las fibras naturales. Las más comunes son la poliamida, la acrílica y el poliéster.

## Trapillo

El trapillo es un material que procede del reciclaje. Es tela de algodón, normalmente de la utilizada para camisetas, que se recicla cortándola en tiras y ovillándola para poder tejerla. Se lava en lavadora y es muy agradecido porque se teje muy rápido. Sin embargo, si lo queremos usar para ropa, tenemos que asegurarnos de que es un trapillo ligero, ya que suele pesar mucho, y debemos tejerlo con un punto muy calado. Su composición varía desde el algodón 100 % hasta el acrílico 100 %. Cuando lo vayamos a tejer es importante comprobar la cantidad de *lycra* que lleva, es decir, su elasticidad, ya que nos proporcionará un acabado distinto en función de si lleva *lycra* o no, y de la proporción de esta.

## Fantasía

En la actualidad encontramos una gran variedad de acabados y texturas. Este tipo de fibras suelen ser mezclas de fibras naturales y sintéticas, pero también las encontramos 100 % naturales o sintéticas. Así, tenemos fibras rizadas, con brillo, con mezcla de colores...

## Otros materiales

A la hora de tejer, podemos usar materiales muy distintos. Desde la rafia, el lino, cuerda, cintas, hasta bolsas de plástico hechas tiras. Cualquier material en tiras es susceptible de ser tejido.

# TÉCNICAS básicas

## SUJETAR LA LANA

La forma de sujetar la lana es lo que nos va a ayudar a mantener la tensión a lo largo del trabajo. Aquí os indicamos la forma más común de sujetar el hilo, pero cada persona tiene su propia manera de hacerlo y ninguna es mejor que otra. Tenemos que encontrar la manera en que nos encontremos más cómodos, no solo a la hora de sujetar el hilo, sino también a la hora de sujetar las agujas.

Para sujetar la hebra, enrollamos el hilo en el dedo meñique, haciendo un bucle, que es la parte que nos ayudará a mantener una tensión fija a la hora de tejer.

A continuación pasamos el hilo por encima de los dedos anular y corazón y rodeamos con la hebra el dedo índice, que es el que vamos a usar para echar la hebra al tejer.

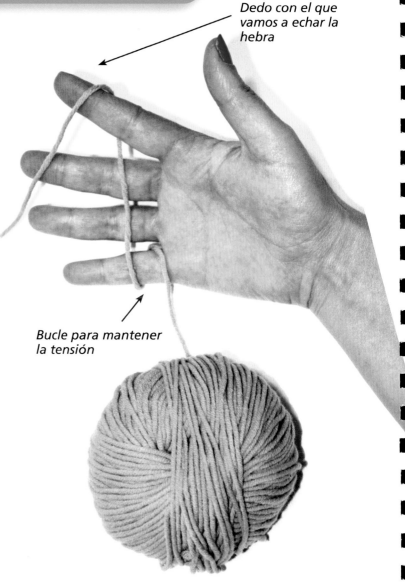

*Dedo con el que vamos a echar la hebra*

*Bucle para mantener la tensión*

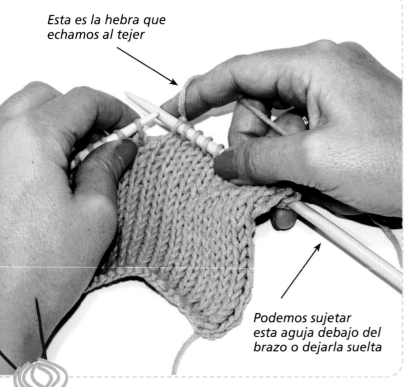

*Esta es la hebra que echamos al tejer*

*Podemos sujetar esta aguja debajo del brazo o dejarla suelta*

A la hora de sujetar las agujas, nos encontramos en una situación muy parecida. Cada persona tiene su costumbre; puedes dejarlas sueltas o sujetarlas, como te resulte más cómodo.

Si dejamos la aguja derecha suelta, lo ideal es usar agujas más cortas, ya que tendrán mayor movilidad y menos peso. Si sujetamos la aguja derecha debajo del brazo, entonces son más cómodas agujas un poco más largas. La aguja izquierda suele dejarse reposando sobre el antebrazo o totalmente suelta.

# MONTAJE DEL PRIMER PUNTO

El primer punto lo hacemos mediante un nudo corredizo. Antes de realizarlo, tenemos que dejar libre al menos tres veces la longitud de lana correspondiente al ancho de la labor que vamos a realizar. Por ejemplo, si la labor mide 20 cm de ancho, debemos dejar libres al menos 60 cm de lana.

*Queda por encima de la aguja*

*Queda por debajo de la aguja*

**2** Introducimos la aguja en el bucle, haciéndola pasar por debajo del cabo que cruza por la parte inferior del mismo.

*Bucle con un cabo por encima del otro*

**1** Hacemos un bucle con la lana, de manera que uno de los cabos quede por encima del otro.

*Pasamos la hebra por debajo de la aguja y luego por encima, rodeándola*

*Sacamos el bucle que hicimos al principio*

**3** Con la hebra que ha quedado por encima en el bucle, rodeamos la aguja, pasándola primero por abajo y luego por arriba.

**4** Sacamos el bucle que hicimos al principio, pasándolo por encima de la aguja y por encima de la hebra del paso anterior.

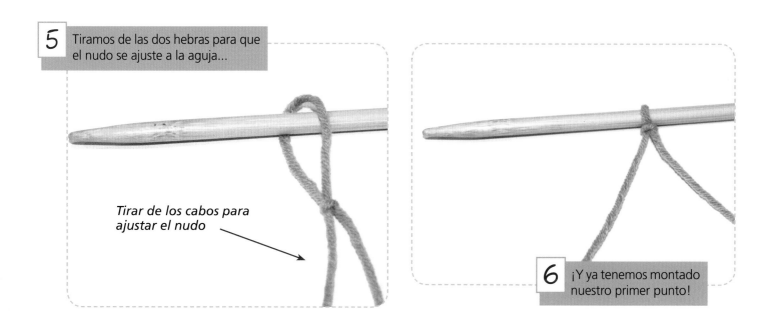

**5** Tiramos de las dos hebras para que el nudo se ajuste a la aguja...

*Tirar de los cabos para ajustar el nudo*

**6** ¡Y ya tenemos montado nuestro primer punto!

# MONTAJE DE PUNTOS SIMPLE Y TUBULAR

## Montaje de puntos simple

Una vez que hemos montado el primer punto, tenemos que seguir montando los demás, ya que esta va a ser la base de nuestro trabajo.

Esta es una de las técnicas más utilizadas para montar puntos, pero hay muchas formas de hacerlo y ninguna es mejor o peor, solo cuestión de costumbre.

Vamos a usar solo una aguja, que sujetaremos con la mano derecha.

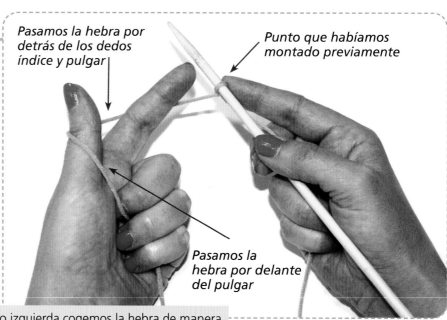

*Pasamos la hebra por detrás de los dedos índice y pulgar*

*Punto que habíamos montado previamente*

*Pasamos la hebra por delante del pulgar*

**1** Con la mano izquierda cogemos la hebra de manera que los dedos índice y pulgar queden por delante de la hebra (mucha gente prefiere usar solo el pulgar; es cuestión de gustos). La hebra gira alrededor del pulgar y el resto de los dedos los usamos para sujetarla.

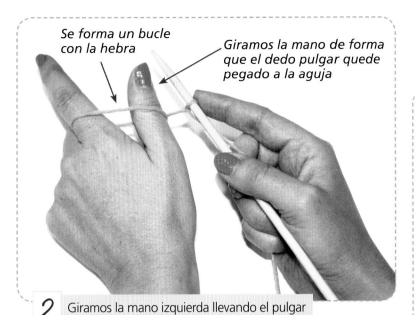

*Se forma un bucle con la hebra*

*Giramos la mano de forma que el dedo pulgar quede pegado a la aguja*

**2** Giramos la mano izquierda llevando el pulgar hacia nosotros y lo colocamos junto a la aguja. Así se forma un bucle en la hebra.

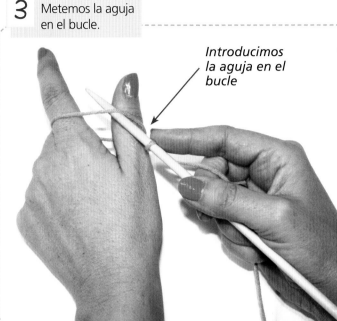

**3** Metemos la aguja en el bucle.

*Introducimos la aguja en el bucle*

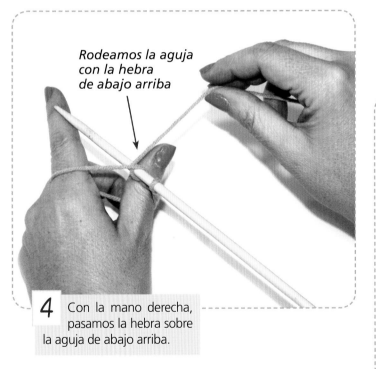

*Rodeamos la aguja con la hebra de abajo arriba*

**4** Con la mano derecha, pasamos la hebra sobre la aguja de abajo arriba.

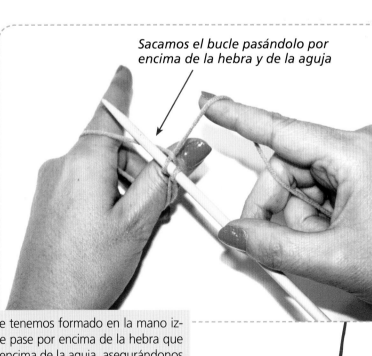

*Sacamos el bucle pasándolo por encima de la hebra y de la aguja*

**5** Sacamos el bucle que tenemos formado en la mano izquierda haciendo que pase por encima de la hebra que acabamos de echar y por encima de la aguja, asegurándonos de que la hebra queda por encima de la aguja.

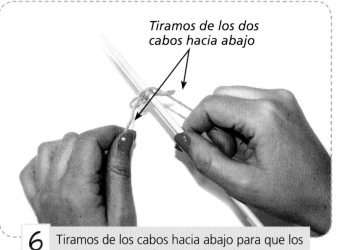

*Tiramos de los dos cabos hacia abajo*

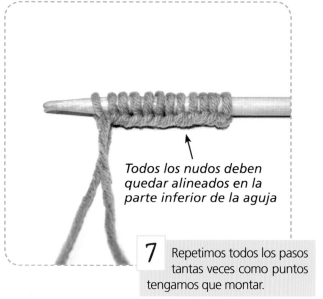

*Todos los nudos deben quedar alineados en la parte inferior de la aguja*

**6** Tiramos de los cabos hacia abajo para que los nudos que se van formando queden alineados en la parte inferior de la aguja. Una forma fácil de hacerlo es mantener la tensión en el cabo de la mano derecha y tirar hacia abajo de la hebra de la mano izquierda para que el punto se cierre.

**7** Repetimos todos los pasos tantas veces como puntos tengamos que montar.

## Montaje de puntos tubular

El montaje tubular es una forma de montar los puntos y que la labor nos quede más elástica. Además, queda mejor rematado, así es que se puede utilizar para cualquier labor, aunque es perfecto para gorros, guantes, calcetines, etc., en los que necesitamos que el montaje de puntos no quede tan rígido. Suele usarse para elásticos 1x1, pero sirve también con otros puntos. Para hacer este tipo de montaje es necesario trabajar al derecho y al revés, por lo que recomendamos mirar antes las técnicas básicas para saber cómo se hacen ambos puntos.

Es muy importante tener en cuenta que vamos a montar los primeros puntos con una lana distinta a la que vamos a usar para nuestro trabajo. Debe ser de un color que destaque lo máximo posible, ya que luego vamos a desechar esta lana y tendremos que cortarla, y si se parece mucho, corremos el riesgo de cortar lo que no debemos.

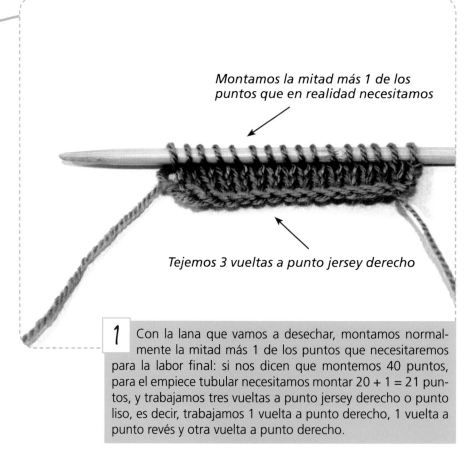

*Montamos la mitad más 1 de los puntos que en realidad necesitamos*

*Tejemos 3 vueltas a punto jersey derecho*

**1** Con la lana que vamos a desechar, montamos normalmente la mitad más 1 de los puntos que necesitaremos para la labor final: si nos dicen que montemos 40 puntos, para el empiece tubular necesitamos montar 20 + 1 = 21 puntos, y trabajamos tres vueltas a punto jersey derecho o punto liso, es decir, trabajamos 1 vuelta a punto derecho, 1 vuelta a punto revés y otra vuelta a punto derecho.

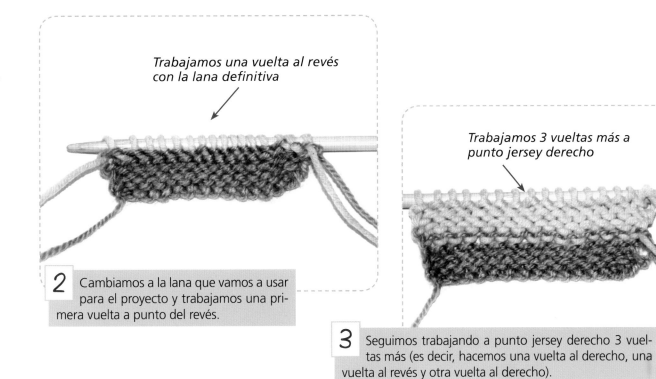

*Trabajamos una vuelta al revés con la lana definitiva*

**2** Cambiamos a la lana que vamos a usar para el proyecto y trabajamos una primera vuelta a punto del revés.

*Trabajamos 3 vueltas más a punto jersey derecho*

**3** Seguimos trabajando a punto jersey derecho 3 vueltas más (es decir, hacemos una vuelta al derecho, una vuelta al revés y otra vuelta al derecho).

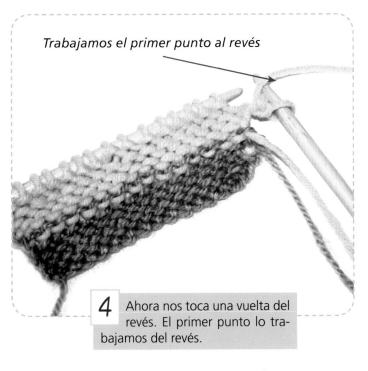

*Trabajamos el primer punto al revés*

**4** Ahora nos toca una vuelta del revés. El primer punto lo trabajamos del revés.

*Levantamos la hebra y la ponemos sobre la aguja izquierda*

*Estas son las hebras que tenemos que levantar*

**5** Ahora tenemos que levantar hasta la aguja izquierda la hebra que nos señala el cambio de color, es decir, la primera hebra del color definitivo que queda entrelazada con el color que vamos a desechar.

*Hacemos la hebra que hemos subido del derecho*

**6** Tejemos la hebra que hemos subido como si fuera un punto normal, tejiéndolo del derecho.

**7** Terminamos la vuelta tejiendo el punto que está sobre la aguja del revés y el que levantamos siempre del derecho. Hay que tener en cuenta que tenemos que levantar todas las hebras. Es decir, cada vez que hacemos un punto del revés, hay que levantar una hebra y tejerla del derecho.

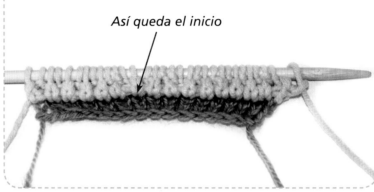

*Así queda el inicio*

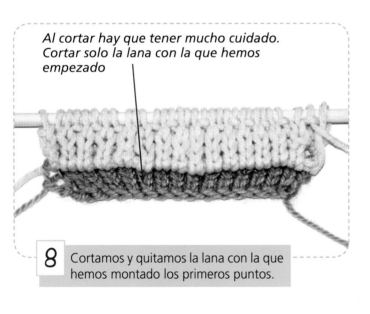

*Al cortar hay que tener mucho cuidado. Cortar solo la lana con la que hemos empezado*

**8** Cortamos y quitamos la lana con la que hemos montado los primeros puntos.

**9** ¡Ya tenemos nuestro inicio tubular terminado!

# PUNTO DEL DERECHO

El punto del derecho es el punto básico. Es el más utilizado y, si lo combinamos con el punto del revés, nos proporciona infinidad de acabados. Antes de empezar es importante tener en cuenta que la hebra con la que vamos a tejer tiene que estar detrás de la labor.

*Pasamos la hebra rodeando la aguja derecha de abajo arriba*

**2** Ahora tenemos que echar la hebra. Lo hacemos desde atrás, levantando la hebra y rodeando la aguja derecha.

*Introducimos la aguja derecha por debajo de la aguja izquierda*

*La hebra está por detrás de la labor*

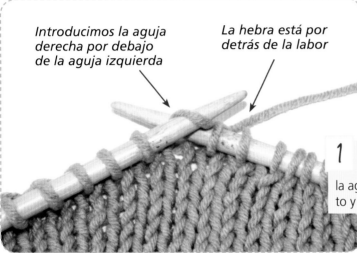

**1** Introducimos la aguja derecha en el primer punto de la aguja izquierda. Lo hacemos de forma que la aguja derecha entra por la parte delantera del punto y por debajo de la aguja izquierda.

*Sacamos la aguja por el punto de la aguja izquierda*

*Mantenemos la hebra que hemos echado en la aguja derecha*

*Sacamos de la aguja izquierda el punto original*

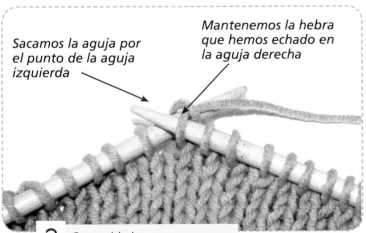

**3** Con cuidado para que no se suelte la hebra, sacamos la aguja derecha del punto de la aguja izquierda en el que la habíamos metido, manteniendo la hebra en la aguja derecha.

**4** Sacamos de la aguja izquierda el punto original, quedando hecho nuestro punto del derecho.

● ● ● Ahora solo queda repetir este proceso hasta que todos los puntos de la aguja izquierda estén en la aguja derecha, y así habremos terminado nuestra vuelta.

# PUNTO DEL REVÉS

El punto del revés combinado con el punto del derecho es la base para cualquier trabajo de punto. En función de cómo los combinemos, conseguimos puntos como el elástico, el punto jersey derecho o de media, etc.

Lo primero que debemos tener en cuenta a la hora de hacer el punto del revés es que ahora tenemos la hebra por delante de la aguja derecha (en el punto del derecho la teníamos por detrás).

*Metemos la aguja en el punto de derecha a izquierda por encima de la aguja derecha*

*La hebra queda por delante de la aguja derecha*

**1** Como hemos dicho, la hebra tiene que estar colocada por delante de la aguja derecha. Introducimos la aguja derecha por el punto que vamos a trabajar de derecha a izquierda y manteniendo la aguja derecha por encima de la aguja izquierda.

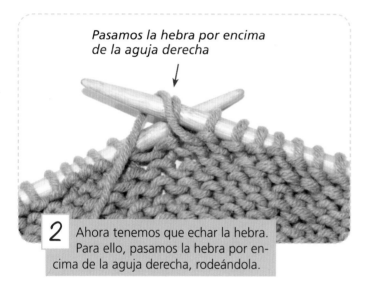

*Pasamos la hebra por encima de la aguja derecha*

**2** Ahora tenemos que echar la hebra. Para ello, pasamos la hebra por encima de la aguja derecha, rodeándola.

*Sacamos la aguja derecha del punto que teníamos*

*Hay que tener cuidado para que no se salga la hebra*

**3** Bajamos la punta de la aguja derecha para sacarla por el centro del punto original que teníamos en la aguja izquierda, con cuidado de que no se nos salga la hebra que acabamos de echar.

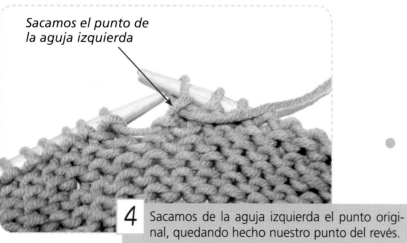

*Sacamos el punto de la aguja izquierda*

**4** Sacamos de la aguja izquierda el punto original, quedando hecho nuestro punto del revés.

● ● ● Ahora solo queda repetir este proceso hasta que todos los puntos de la aguja izquierda estén la aguja derecha, y así habremos terminado nuestra vuelta.

# AUMENTOS Y DISMINUCIONES

## Aumentos

En la mayor parte de los patrones que nos vamos a encontrar, es necesario hacer aumentos o disminuciones. Cuando vamos a aumentar puntos (por ejemplo en las mangas), debemos hacerlo en el segundo o en el tercer punto a partir del borde, es decir, no aumentamos nunca en el primero ni en el último punto de la vuelta. Hay que intentar que los aumentos nos coincidan con las vueltas del derecho.

*Cogemos la hebra cruzada entre dos puntos y la ponemos sobre la aguja izquierda*

**1** Cogemos la hebra que cruza entre dos puntos y la levantamos para colocarla en la aguja izquierda.

*Echamos la hebra como en cualquier punto normal*

**3** Echamos la hebra como en cualquier punto normal, rodeando la aguja derecha.

*Introducimos la aguja por la parte de atrás del punto*

**2** Metemos la aguja derecha por el punto, pero lo hacemos por la parte de atrás del mismo. Esto es lo que se llama hacer un punto retorcido. Al coger así la hebra, evitamos que nos quede un agujero en el lugar donde hemos hecho el aumento.

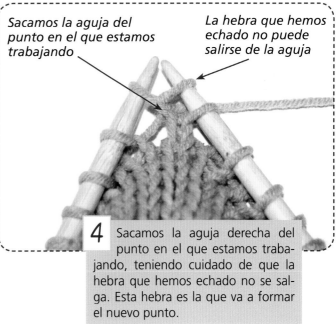

*Sacamos la aguja del punto en el que estamos trabajando*

*La hebra que hemos echado no puede salirse de la aguja*

**4** Sacamos la aguja derecha del punto en el que estamos trabajando, teniendo cuidado de que la hebra que hemos echado no se salga. Esta hebra es la que va a formar el nuevo punto.

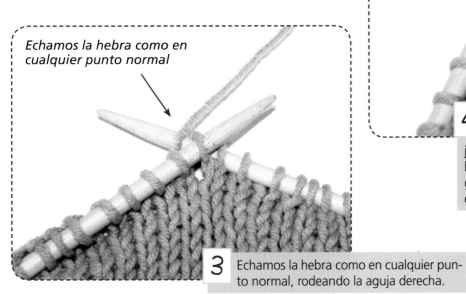

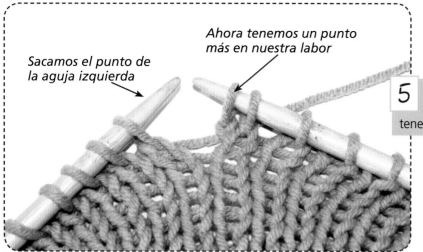

*Sacamos el punto de la aguja izquierda*

*Ahora tenemos un punto más en nuestra labor*

**5** Sacamos el punto de la aguja izquierda y ya tenemos hecho nuestro aumento. Ahora tenemos un punto más en nuestra labor.

## Disminuciones

Las disminuciones se usan mucho en punto: sisas, escotes... Se trata de ir quitando tantos puntos como nos indique el patrón. No debemos confundirlo con cerrar puntos. Las disminuciones no deben hacerse en el primero ni en el último punto de la vuelta, sino en puntos interiores (a uno o dos puntos del inicio).

Hay dos formas de disminuir:

➡ **Disminución hacia la derecha,** que es la más utilizada. Se basa en trabajar dos puntos juntos.

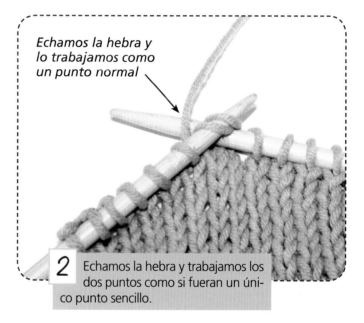

*Echamos la hebra y lo trabajamos como un punto normal*

**2** Echamos la hebra y trabajamos los dos puntos como si fueran un único punto sencillo.

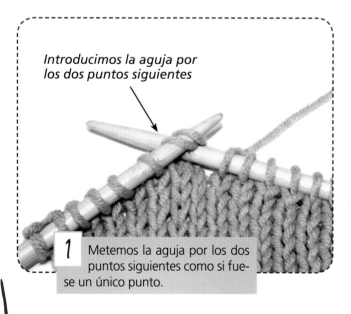

*Introducimos la aguja por los dos puntos siguientes*

**1** Metemos la aguja por los dos puntos siguientes como si fuese un único punto.

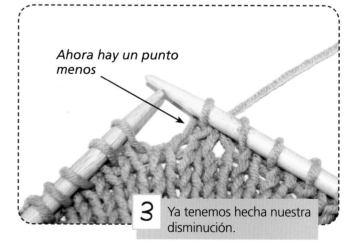

*Ahora hay un punto menos*

**3** Ya tenemos hecha nuestra disminución.

**Disminución hacia la izquierda:**

**1** Pasamos el primer punto de la aguja izquierda a la aguja derecha sin hacer.

*Pasamos el punto sin hacer a la aguja derecha*

*Hacemos el punto normal*

*Cogemos el punto sin hacer con la aguja izquierda*

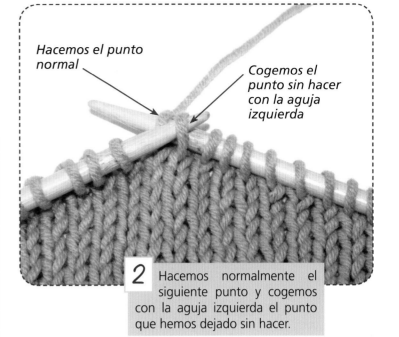

**2** Hacemos normalmente el siguiente punto y cogemos con la aguja izquierda el punto que hemos dejado sin hacer.

*Pasamos al punto sin hacer por encima del punto que sí hemos hecho*

*Ya hay un punto menos*

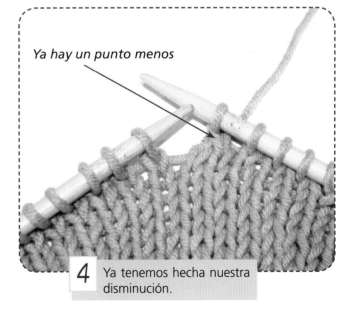

**4** Ya tenemos hecha nuestra disminución.

**3** Con ayuda de la aguja izquierda, pasamos el punto que hemos cogido (el que habíamos pasado sin hacer) por encima del punto que sí hemos hecho.

# CAMBIO DE COLOR

Con los cambios de color podemos conseguir numerosas figuras geométricas y otros motivos más o menos complejos. Cuando vamos a tejer una pieza con dibujos, esta vendrá acompañada de un gráfico de colores (ver *Lectura de gráficos*, p. 38), que nos indicará qué puntos tenemos que tejer con cada color. El punto jersey derecho es el punto con el que mejor se ven los motivos, ya que es el que tiene menos relieve.

El cambio de color se basa en ir llevando las hebras de diferentes colores por el revés de la labor. Para evitar que se nos enreden demasiado, es buena idea hacer ovillos pequeños de cada uno de los colores que vamos a utilizar. Cuando cambiamos de color y tenemos que saltar más de uno o dos puntos, debemos dejar la hebra lo suficientemente suelta como para que la labor no se encoja.

**Para cambiar de color en una vuelta del derecho:**

Cogemos la hebra del nuevo color y la pasamos por encima de la hebra que acabamos de soltar. Hacemos esto en todos los cambios de color para que las hebras se vayan entrelazando por detrás y no nos queden agujeros. Debemos recordar dejar lo bastante suelta la hebra como para que no se nos encoja la labor.

Tejemos el siguiente punto del derecho.

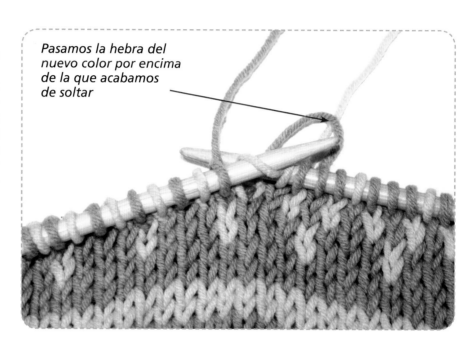

Pasamos la hebra del nuevo color por encima de la que acabamos de soltar

**Para cambiar de color en una vuelta del revés:**

Hacemos lo mismo. Pasamos la hebra del nuevo color en el que vamos a trabajar por encima de la hebra que acabamos de soltar. Tejemos el siguiente del revés.

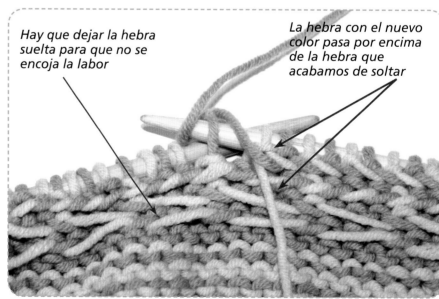

Hay que dejar la hebra suelta para que no se encoja la labor

La hebra con el nuevo color pasa por encima de la hebra que acabamos de soltar

# CERRAR PUNTOS

Cuando terminamos la labor, tenemos que rematarla para que no se nos deshaga. Para ello tenemos que cerrar todos los puntos que tenemos en la aguja. Las explicaciones están hechas para vueltas que nos toque trabajar del derecho pero, si queremos cerrar en vueltas del revés, hacemos lo mismo trabajando los puntos del revés en vez de del derecho.

*Cogemos el primer punto que hemos trabajado con la aguja izquierda*

**2** Con la aguja izquierda, cogemos el primer punto que hemos trabajado.

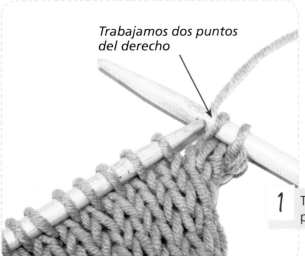

*Trabajamos dos puntos del derecho*

**1** Trabajamos del derecho los dos primeros puntos de la aguja izquierda.

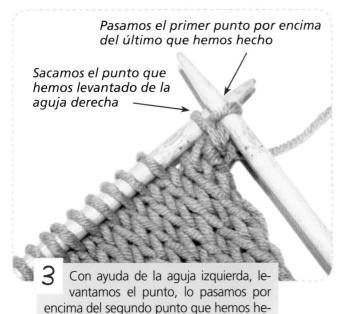

*Pasamos el primer punto por encima del último que hemos hecho*

*Sacamos el punto que hemos levantado de la aguja derecha*

**3** Con ayuda de la aguja izquierda, levantamos el punto, lo pasamos por encima del segundo punto que hemos hecho y lo sacamos de la aguja derecha.

*Nuestro punto queda cerrado*

**4** Nuestro punto queda cerrado formando una cadeneta en el borde. En la aguja derecha nos queda un solo punto. Ahora solo tenemos que ir repitiendo lo mismo hasta que solo nos quede un punto. Para ello, tejemos otro punto y pasamos el punto que nos había quedado en la aguja derecha por encima del que acabamos de hacer. Y así hasta que solo queda uno.

*Hacemos el bucle más largo y sacamos la aguja*

**5** Cuando solo tenemos un punto en la aguja, tiramos un poco de esta para que el bucle nos quede más largo y la sacamos.

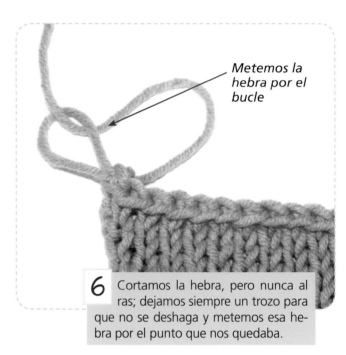

*Metemos la hebra por el bucle*

**6** Cortamos la hebra, pero nunca al ras; dejamos siempre un trozo para que no se deshaga y metemos esa hebra por el punto que nos quedaba.

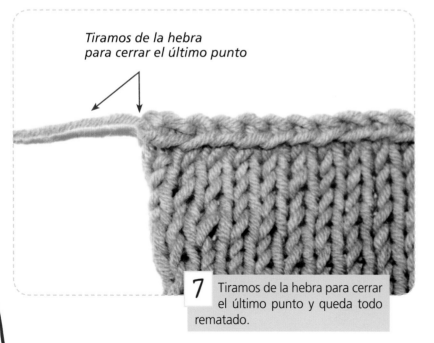

*Tiramos de la hebra para cerrar el último punto*

**7** Tiramos de la hebra para cerrar el último punto y queda todo rematado.

Ahora solo queda esconder la hebra que hemos dejado. Solo tenemos que enhebrarla en una aguja de lana y esconderla por el revés de la labor entre los puntos. Nunca cortamos la hebra al ras para evitar que con el uso de la prenda se acabe saliendo y se nos deshaga.

# OJALES

Los ojales se pueden hacer de distintos tamaños. En los proyectos de este libro vamos a utilizar ojales de dos puntos, pero el tamaño de los ojales dependerá siempre de los botones que queramos usar. Podemos hacerlos del tamaño que deseemos. Solo tenemos que seguir los pasos que se detallan a continuación con más o menos puntos. Hemos de tener en cuenta que para hacer el ojal necesitamos dos vueltas, luego no podemos dejar el ojal para la última vuelta. Si queremos hacer un ojal en la parte superior de la labor, lo ideal es empezarlo a tres vueltas del final.

Para hacer un ojal, en realidad lo que hacemos es cerrar un par de puntos en una vuelta, y en la vuelta siguiente, al llegar al mismo sitio donde los hemos cerrado, montamos de nuevo dos puntos, quedando así un «agujero» en la labor, que forma el ojal.

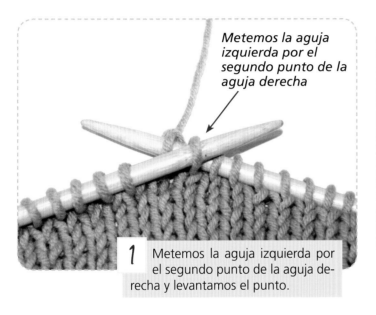

*Metemos la aguja izquierda por el segundo punto de la aguja derecha*

**1** Metemos la aguja izquierda por el segundo punto de la aguja derecha y levantamos el punto.

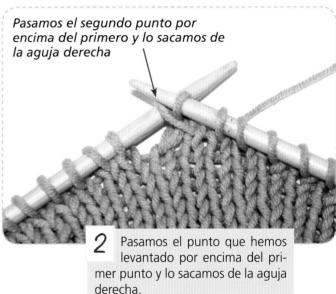

*Pasamos el segundo punto por encima del primero y lo sacamos de la aguja derecha*

**2** Pasamos el punto que hemos levantado por encima del primer punto y lo sacamos de la aguja derecha.

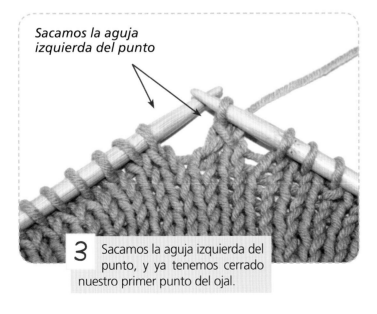

*Sacamos la aguja izquierda del punto*

**3** Sacamos la aguja izquierda del punto, y ya tenemos cerrado nuestro primer punto del ojal.

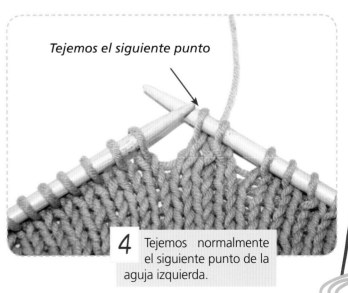

*Tejemos el siguiente punto*

**4** Tejemos normalmente el siguiente punto de la aguja izquierda.

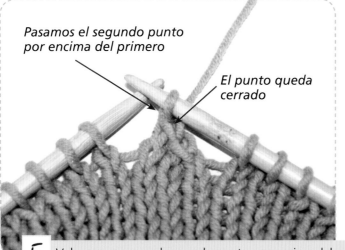

*Pasamos el segundo punto por encima del primero*

*El punto queda cerrado*

**5** Volvemos a pasar el segundo punto por encima del primero con ayuda de la aguja izquierda para que quede cerrado. Seguimos trabajando el resto de la vuelta normalmente.

*Tejemos hasta llegar de nuevo al hueco que hemos dejado para el ojal*

**6** Damos la vuelta y tejemos hasta llegar al hueco que nos ha quedado.

*La hebra pasa primero por encima de la aguja*

*Pasa por encima de sí misma*

*Pasa por debajo de la aguja*

**7** Hacemos un bucle con la hebra igual al que hacemos para montar puntos (ver *Montaje de puntos simple,* p. 14) y tiramos de la hebra para ajustar el bucle a la aguja.

*Ya tenemos dos puntos montados*

**8** Repetimos el último paso para montar otro punto. Montamos tantos puntos como puntos hemos cerrado.

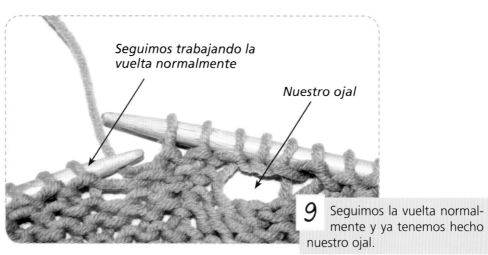

*Seguimos trabajando la vuelta normalmente*

*Nuestro ojal*

**9** Seguimos la vuelta normalmente y ya tenemos hecho nuestro ojal.

# COSER LAS PIEZAS

Una vez que hemos tejido todas las piezas, toca coserlas. Antes de esto, es recomendable mojar cada una de las piezas por separado y extenderlas bien sobre una toalla seca para dejarlas secar. Esto hará que se quite el rizo que se forma a veces en los bordes y que se asiente la forma del tejido.

A la hora de coser, para que las costuras se vean lo menos posible, usaremos la misma lana o hebra que hemos usado para el resto de la labor. En las fotos hemos usado lana de otro color para que se vea el proceso.

Vamos a coser de manera distinta en función del punto que tengamos; así conseguiremos que se vea lo menos posible.

## Coser las piezas en punto bobo o de musgo

Este punto se consigue tejiendo todas las vueltas del derecho (ver *Galería de puntos,* p. 32).

*Cogemos el primer nudo del lado izquierdo*

**1** Enhebramos la lana en una aguja lanera y hacemos un nudo en uno de los extremos. Enfrentamos las piezas sin que monten la una en la otra. Cogemos el primer nudo de uno de los lados que vamos a coser metiendo la aguja de arriba abajo.

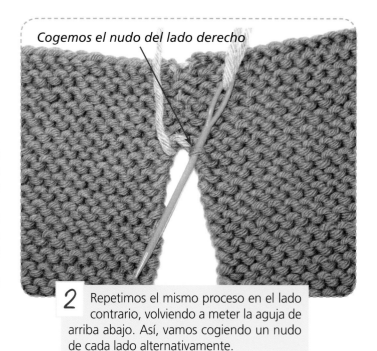

*Cogemos el nudo del lado derecho*

**2** Repetimos el mismo proceso en el lado contrario, volviendo a meter la aguja de arriba abajo. Así, vamos cogiendo un nudo de cada lado alternativamente.

*Tiramos de la hebra para ir juntando las piezas*

**3** Vamos tirando de vez en cuando de la hebra para ir juntando las piezas.

*Terminamos con un nudo por el revés de la labor*

**4** Terminamos con un nudo en la parte del revés y escondemos el hilo.

## Coser las piezas en punto jersey derecho o punto liso

Tejemos la labor por el derecho, de manera que veamos las espigas.

*Cogemos la hebra horizontal del otro lado*

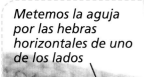

*Metemos la aguja por las hebras horizontales de uno de los lados*

**2** Repetimos el mismo proceso en el lado contrario, volviendo a meter la aguja de arriba abajo. Así, vamos cogiendo una hebra de cada lado alternativamente.

**1** Enhebramos la lana en una aguja lanera y hacemos un nudo en uno de los extremos. Enfrentamos las piezas sin que monten la una en la otra. Cogemos la primera hebra horizontal de uno de los lados que vamos a coser metiendo la aguja de arriba abajo.

*Tiramos de la hebra para unir las piezas*

*Costura terminada*

**3** Vamos tirando de vez en cuando de la hebra para ir juntando las piezas.

**4** Terminamos con un nudo en la parte del revés y escondemos el hilo.

# CRUZAR PUNTOS PARA OCHOS Y TRENZAS

Los ochos y las trenzas nos proporcionan una gran cantidad de motivos decorativos para nuestras prendas de punto. El secreto está en ir cruzando el número de puntos que nos indiquen, por la parte delantera o trasera de la labor.

Vamos a utilizar una aguja de doble punta, a ser posible que esté hundida en el centro para que los puntos no se salgan mientras los tenemos en espera.

Los pasos para poder realizar los cruces son los siguientes:

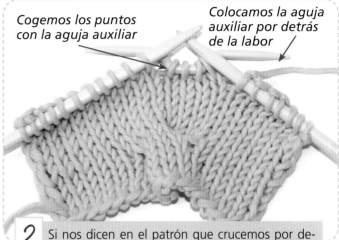

*Cogemos los puntos con la aguja auxiliar*

*Colocamos la aguja auxiliar por detrás de la labor*

**2** Si nos dicen en el patrón que crucemos por detrás, introducimos el número de puntos que nos diga el patrón en la aguja auxiliar. Dejamos descansar la aguja auxiliar por detrás de la labor.

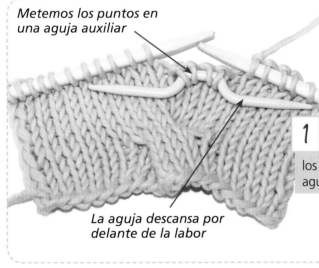

*Metemos los puntos en una aguja auxiliar*

*La aguja descansa por delante de la labor*

**1** Introducimos el número de puntos que nos diga el patrón en la aguja auxiliar. Los puntos que cogemos son los que están en la aguja izquierda. Dejamos descansar la aguja auxiliar por delante de la labor.

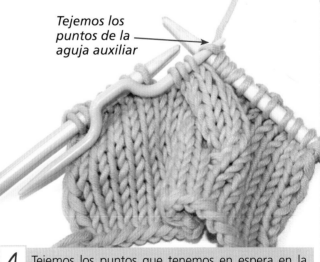

*Tejemos los cuatro siguientes*

*Tejemos los puntos de la aguja auxiliar*

**3** Tejemos los puntos siguientes de la aguja izquierda (los que nos indiquen en el patrón), dejando en espera los puntos que tenemos en la aguja auxiliar.

**4** Tejemos los puntos que tenemos en espera en la aguja auxiliar. Podemos hacerlo directamente desde la aguja auxiliar, o colocarlos primero en la aguja izquierda y luego tejerlos, como nos resulte más cómodo. Terminamos el resto de la vuelta normalmente.

# GALERÍA de PUNTOS

## PUNTO BOBO O PUNTO DE MUSGO

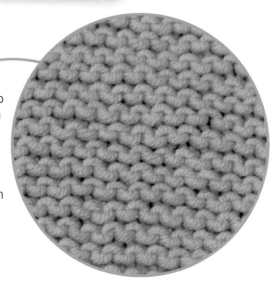

El punto bobo o punto de musgo es uno de los más utilizados. Es un punto que queda igual por el derecho que por el revés, lo que lo hace muy versátil en prendas tales como cuellos y bufandas, ya que, aunque se gire la labor, no se nota la diferencia. Es muy fácil de trabajar y queda muy esponjoso si dejamos el punto un poco suelto.

Para contar las vueltas cuando trabajamos el punto bobo, las contamos solo por un lado, teniendo en cuenta que cada vuelta en relieve representa en realidad dos vueltas.

Para lograr este acabado, tejemos de la siguiente manera:

**Vueltas impares:** todos los puntos del derecho.
**Vueltas pares:** todos los puntos del derecho.
Es ideal para quienes están empezando a tejer.

## PUNTO LISO, PUNTO DE MEDIA O PUNTO JERSEY DERECHO

Es un punto muy popular por su acabado en espiga. Si lo trabajamos con cambios de color, el cambio queda muy limpio. El acabado es muy suave y sin relieves.

Para contar las vueltas, es mejor hacerlo por el revés. Cada vuelta en relieve, al contrario que en el punto bobo, representa una única vuelta.

Lo trabajamos de la siguiente manera:

**Vueltas impares:** todos los puntos del derecho.
**Vueltas pares:** todos los puntos del revés.

## PUNTO JERSEY REVÉS

Es igual que el punto jersey derecho, solo que la parte que va a quedar vista es la parte del «revés». Es un punto con mucho relieve, parecido al punto bobo pero más tupido.

Para contar las vueltas, es mejor hacerlo por el derecho en este caso; el derecho es la parte con más relieve. Cada vuelta en relieve, al contrario que en el punto bobo, representa una única vuelta.

Lo trabajamos de la siguiente manera:

**Vueltas impares:** todos los puntos del revés.
**Vueltas pares:** todos los puntos del derecho.

# PUNTO ELÁSTICO 1x1

Cuando nos dicen en un patrón que trabajemos a punto elástico, siempre pondrán a continuación algo así como 1x1, 2x2, etc. El primer número se refiere a puntos del derecho y el segundo a puntos del revés.

Es decir, en el caso de un elástico 1x1, tendremos que trabajar un punto del derecho y un punto del revés.

Los elásticos, en general, se usan mucho en el inicio de las prendas, para puños, etc., ya que por su elasticidad se ajusta mejor. Va formando una serie de líneas verticales, debido a que el punto del derecho queda hacia fuera (con más relieve) y el punto del revés queda hacia dentro. Se lo conoce también por el nombre de canalé.

Sobre un número par de puntos, lo trabajamos de la siguiente manera:

**Vueltas impares:** 1 punto del derecho, 1 punto del revés, 1 punto del derecho, 1 punto del revés, etc.

**Vueltas pares:** 1 punto del derecho, 1 punto del revés, 1 punto del derecho, 1 punto del revés, etc.

Si el número de puntos fuese impar, la primera vuelta sería igual. En la segunda empezaríamos a trabajar con un punto del revés, uno del derecho, uno del revés, etc.

# PUNTO ELÁSTICO 2x1

En este tipo de elástico, las franjas del derecho son más anchas que las franjas del revés. Es más esponjoso y más elástico que el elástico 1x1.

Para trabajarlo, montamos un número de puntos múltiplo de 3:

**Vueltas impares:** 2 puntos del derecho, 1 punto del revés, 2 puntos del derecho, 1 punto del revés, etc.

**Vueltas pares:** 1 punto del derecho, 2 puntos del revés, 1 punto del derecho, 2 puntos del revés, etc.

# PUNTO ELÁSTICO 6x2

A la hora de trabajar elásticos, podemos combinar los puntos del derecho y del revés de muchas formas para lograr acabados distintos. Este elástico 6x2 es un ejemplo de ello.

Para trabajarlo, montamos un número de puntos múltiplo de 8:

**Vueltas impares:** 6 puntos del derecho, 2 puntos del revés, 6 puntos del derecho, 2 puntos del revés, etc.

**Vueltas pares:** 2 puntos del derecho, 6 puntos del revés, 2 puntos del derecho, 6 puntos del revés, etc.

## PUNTO DE ARROZ

El punto de arroz da a la labor un relieve muy agradable. Puede usarse para toda la prenda o solo para una zona, haciendo dibujo, franjas, etc. Se consigue combinando puntos del derecho y del revés.

Para trabajarlo cuando tenemos un número par de puntos, hacemos lo siguiente:

**Vueltas impares:** 1 punto del derecho, 1 punto del revés, 1 punto del derecho, 1 punto del revés, etc.

**Vueltas pares:** 1 punto del revés, 1 punto del derecho, 1 punto del revés, 1 punto del derecho, etc.

Cuando partimos de un número impar de puntos:

**Vueltas impares:** 1 punto del derecho, 1 punto del revés, 1 punto del derecho, 1 punto del revés, etc.

**Vueltas pares:** 1 punto del derecho, 1 punto del revés, 1 punto del derecho, 1 punto del revés, etc.

## OCHO SIMPLE

Este motivo es muy sencillo de trabajar y queda muy vistoso.

Lo primero que tenemos que hacer es elegir el número de puntos que queremos que ocupe el ocho, escogiendo siempre un número par, ya que la mitad de los puntos vamos a cruzarlos por delante y la otra mitad quedará cruzada por detrás. Pongamos un ejemplo de un ocho de 6 puntos.

Lo primero que tenemos que hacer es tejer a punto jersey derecho tantas vueltas como puntos tenga el ocho. En este caso tejemos 6 vueltas del derecho. En la séptima vuelta, que será una vuelta del derecho, metemos 3 puntos en la aguja auxiliar y la dejamos descansar en la parte delantera de la labor (ver *Técnicas básicas,* p. 31). A continuación tejemos 3 puntos del derecho, tejemos los 3 puntos que tenemos en la aguja auxiliar y seguimos la vuelta. Tejemos otras 5 vueltas en punto liso y en la sexta vuelta repetimos el cruce; así hasta que el ocho tenga la altura deseada.

## TRENZAS Y OCHOS

La cantidad de motivos que podemos hacer combinando los cruces de puntos es ilimitada. En función de cuántos cruces hagamos y de la cantidad de puntos que usemos para ello, obtendremos un motivo u otro (ver proyecto *Calentadores con trenzas,* p. 52).

# RELIEVES

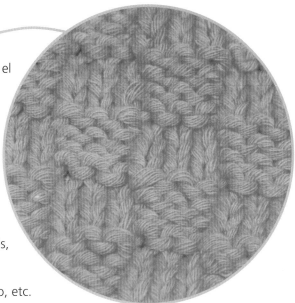

Podemos conseguir una gran variedad de motivos jugando tan solo con el punto del derecho y el punto del revés.

Si usamos como base el punto jersey derecho y lo combinamos con punto bobo, jersey revés o punto de arroz, podemos formar dibujos, rayas, dameros, etc.

El ejemplo está tejido de la siguiente manera.

**Vuelta 1:** 3 puntos del derecho, 3 puntos del revés, 3 puntos del derecho, 3 puntos del revés, etc.

**Vuelta 2:** trabajamos los puntos como se presentan (es decir, los puntos que hemos trabajado del derecho, ahora los trabajamos del revés y viceversa).

**Vuelta 3** (como la vuelta 1): 3 puntos del derecho, 3 puntos del revés, 3 puntos del derecho, 3 puntos del revés, etc.

**Vuelta 4:** trabajamos los puntos como se presentan.

**Vuelta 5:** 3 puntos del revés, 3 del derecho, 3 del revés, 3 del derecho, etc.

**Vuelta 6:** trabajamos los puntos como se presentan.

**Vuelta 7:** 3 puntos del revés, 3 del derecho, 3 del revés, 3 del derecho, etc.

**Vuelta 8:** trabajamos los puntos como se presentan.

Repetimos estas 8 vueltas.

# JACQUARD Y CAMBIOS DE COLOR

Podemos conseguir una gran variedad de motivos con cambios de colores (ver *Cambio de color*, p. 24): desde motivos geométricos hasta dibujos más o menos elaborados. Lo normal es que cuando vayamos a realizar algún proyecto con dibujo o rayas de colores, etc., este venga acompañado de un gráfico que nos va a indicar cómo tenemos que tejer la pieza (ver *Lectura de gráficos*, p. 38).

Los cambios de color, a la hora de formar motivos de pequeño tamaño, son más visibles si tejemos en punto liso o jersey derecho, pero se pueden usar otros puntos en función del efecto deseado.

# EMPEZAR a TEJER

## INTERPRETAR LAS INSTRUCCIONES

Antes de empezar a tejer los proyectos que os proponemos, vamos a explicar un poco cada apartado para que no tengáis problemas a la hora de seguir las instrucciones.

### • Nivel de dificultad •

Cada proyecto viene marcado con un nivel de dificultad que os ayudará a haceros una idea de lo fácil o difícil que es cada uno. De este modo podréis decidiros por uno u otro proyecto en función del nivel que tengáis.

### • Talla •

Hay proyectos de talla única, por ejemplo una bufanda, un cojín y un bolso. Otros, los que se refieren a ropa en general, vienen explicados para varios tallajes. El orden de las tallas es muy importante a la hora de seguir el patrón, ya que, en las instrucciones, los números entre paréntesis corresponden a las distintas tallas. Si nos indican que hay que montar 24 (26, 28) puntos, nos están diciendo que para la talla 1 hay que montar 24 puntos, para la talla 2 hay que montar 26 puntos y para la talla 3 hay que montar 26 puntos.

### • Materiales •

En este apartado se nos especifica todo lo que vamos a necesitar para hacer nuestra labor. Si bien la labor está tejida con una lana concreta, entre paréntesis encontramos las especificaciones de la lana o el material utilizado, lo que nos ayudará a elegir un material similar con

el que tejer esa labor. También nos indica cuántos ovillos necesitamos. Entre paréntesis figurará el número de ovillos que necesitamos para cada una de las tallas. También se nos especifica qué número de aguja se ha utilizado y si es necesario otro material o utensilio para terminar la labor.

### • Muestra •

Este punto, por su importancia, merece un capítulo aparte en la página siguiente, *Muestra para comprobar la tensión.*

### • Medidas orientativas •

Es una forma de que podamos comprobar si la labor nos está quedando como debe. Hay proyectos en los que no tiene tanta importancia; por ejemplo, en una bufanda dos o tres centímetros más de ancho no suelen suponer una gran diferencia, pero en una manga puede significar que no nos quepa o que nos quede muy desbocada.

### • Puntos utilizados •

Aquí podemos ver con qué punto se va a trabajar para ese proyecto en concreto. La mayor parte de los puntos se explica en el apartado de técnica básicas o en la galería de puntos. En algunos casos se especifica en el mismo proyecto cómo se van a trabajar los puntos.

### • Instrucciones •

Es el «paso a paso» de la labor. Nos indica cuántos puntos hay que montar, cómo los vamos tejiendo, hasta dónde hay que llegar, si hay que aumentar o disminuir, etc. Hay proyectos que se componen de una sola pieza o de varias, y todas están aquí explicadas. Solo hay que tener cuidado de leerlo con calma para seguirlo lo más fielmente posible.

### • Montaje •

Es la parte final de cada proyecto. Nos indica qué piezas debemos unir y otros detalles que necesitamos para poder dar por terminada nuestra labor.

## ELEGIR HILO Y AGUJAS

A la hora de elegir qué material vamos a utilizar, va a primar nuestro gusto personal, pero también el tipo de labor que vamos a realizar. Si vamos a seguir un patrón, debemos escoger una lana o material similar al utilizado para no llevarnos sorpresas después. Cada material se comporta de una manera diferente. Por ejemplo, el algodón es menos elástico que la lana y, si lo usamos para un jersey grueso, nos podemos encontrar que queda demasiado «tieso».

El tacto es otro aspecto muy importante. Hay personas que no soportan muchas de las lanas del mercado porque pican o dan demasiado calor. Para comprobar si es lo bastante suave, lo mejor es pasar el ovillo por el cuello y la muñecas, donde la piel es más sensible, y ver qué sensación nos produce. Si somos de los que siempre tienen calor, entonces es mejor decantarse por algodones o lanas con más mezcla.

A la hora de elegir las agujas, en principio vamos a usar las que nos marque el fabricante de la lana. Normalmente nos dan una horquilla con dos o tres tamaños. En este caso, elegiremos en función de cómo apretemos. Si solemos apretar mucho al tejer, cogeremos las agujas más gruesas y, si apretamos poco, cogeremos las agujas más finas.

No obstante, el número de las agujas lo podemos cambiar para conseguir un punto más suelto. Lo podréis ver en algunos de los proyectos de este libro, como en el *jersey con trenza* (p. 51) o en el *cuello de doble vuelta* (p. 42) bobo.

En resumen, nadie como nosotros mismos sabemos lo que nos gusta o lo que nos va. Es nuestra elección, pero no podemos olvidarnos del proyecto que queremos tejer.

## MUESTRA PARA COMPROBAR LA TENSIÓN

En cada uno de los proyectos se incluye la muestra utilizada para calcular las medidas y la tensión del hilo. Muchas veces tendemos a obviar las muestras y nos ponemos directamente a tejer pero, si la tensión no es la correcta, el tamaño de la prenda puede variar considerablemente, y entonces nos tocará deshacer y empezar de nuevo. Tejer la muestra puede ahorrarnos mucho trabajo.

La tensión nos marca la cantidad de puntos y vueltas que hacemos en un área concreta. Veremos que en los patrones indicará algo como, por ejemplo, 23 puntos x 25 vueltas = 10 x 10 cm.

Esto significa que, si tejemos 23 puntos y hacemos 25 vueltas en el punto que nos indiquen, debe quedarnos un cuadrado de 10 x 10 cm. Si al tejer la muestra, nos queda un cuadrado mayor, debemos coger unas agujas más finas. Si nos queda un cuadrado menor, usaremos una agujas más gruesas.

En las fotos podéis ver cómo hacemos para comprobar la medida de la muestra. Es importante estirar bien esta antes de medir, pero sin abrir los puntos.

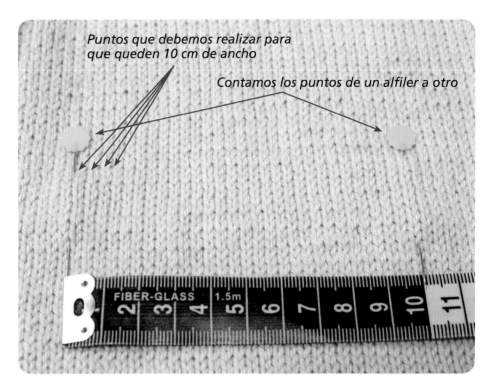

*Puntos que debemos realizar para que queden 10 cm de ancho*

*Contamos los puntos de un alfiler a otro*

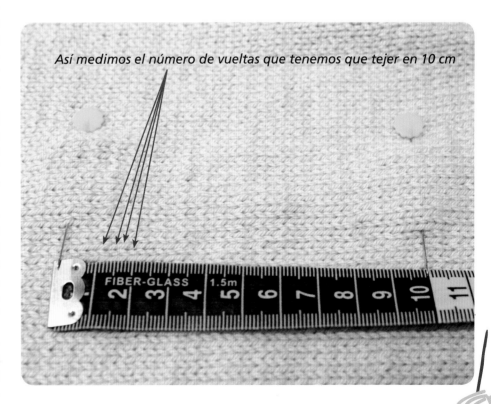

*Así medimos el número de vueltas que tenemos que tejer en 10 cm*

# LECTURA DE GRÁFICOS

Hay dos tipos básicos en punto. El primero de ellos se utiliza para crear motivos con el mismo color, como ochos, trenzas, calados, etc. El segundo es un gráfico para cambios de colores, que nos ayudará a crear dibujos y motivos en nuestros trabajos. Este último se usa también para crear dibujos en un mismo color pero con cambios de textura. Por ejemplo, si estamos trabajando a punto liso y en el centro «dibujamos» una estrella con punto de arroz, que quedaría en relieve.

## Tipo 1: Trenzas, ochos, calados, etc.

En este tipo de gráfico, lo que vamos a encontrar es una cuadrícula base. Cada cuadrado representa 1 punto y cada línea 1 vuelta. Las vueltas van siempre numeradas y lo normal es que solo figuren las vueltas impares, ya que las pares suelen trabajarse como se presentan los puntos. En cualquier caso, este detalle viene siempre indicado en el gráfico. Los gráficos se leen siempre de derecha a izquierda. Las vueltas impares se numeran en la derecha, que es por donde se empieza y, en caso de que figuren las pares, estas se numeran en la izquierda.

Los símbolos utilizados varían mucho en función de dónde los veamos, pero lo normal es que vayan acompañados de una leyenda donde nos indica qué tenemos que hacer cada vez que lleguemos a un signo.

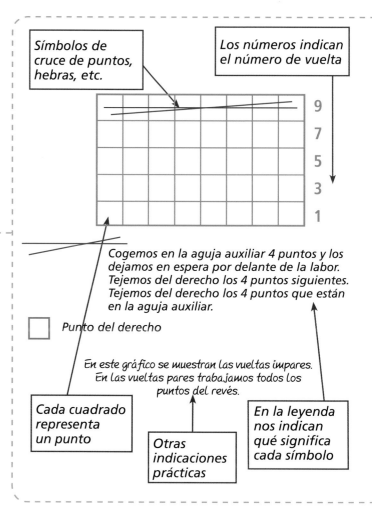

Símbolos de cruce de puntos, hebras, etc.

Los números indican el número de vuelta

Cogemos en la aguja auxiliar 4 puntos y los dejamos en espera por delante de la labor. Tejemos del derecho los 4 puntos siguientes. Tejemos del derecho los 4 puntos que están en la aguja auxiliar.

☐ Punto del derecho

En este gráfico se muestran las vueltas impares. En las vueltas pares trabajamos todos los puntos del revés.

Cada cuadrado representa un punto

Otras indicaciones prácticas

En la leyenda nos indican qué significa cada símbolo

## Tipo 2: Jacquard, motivos, etc.

En este tipo de gráficos lo que se nos muestra es una cuadrícula con los cuadrados de distintos colores, indicándonos así de qué color tenemos que tejer cada punto. Como antes, cada cuadrado es 1 punto y cada fila 1 vuelta. En este caso sí suelen diferenciarse las vueltas pares de las impares. Si en vez de colores distintos fuesen puntos distintos, el gráfico tendría el mismo aspecto, pero cada color simbolizaría el punto en que está tejido. La leyenda sigue siendo imprescindible para interpretar este tipo de gráficos.

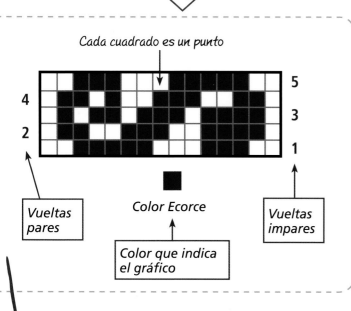

Cada cuadrado es un punto

Color Ecorce

Vueltas pares

Color que indica el gráfico

Vueltas impares

# PROYECTOS

# CHALECO de trapillo

## INSTRUCCIONES

Trabajamos dos piezas iguales que tendrán un largo total de 52 cm.

Montamos 40 puntos y a partir de aquí trabajamos con la siguiente disposición:

- 4 vueltas a punto liso,
- 1 vuelta del derecho con hebra doble,
- 2 vueltas a punto liso,
- 1 vuelta del derecho con hebra doble,
- 4 vueltas a punto liso,
- 1 vuelta del derecho con hebra triple,
- 4 vueltas a punto liso,
- 1 vuelta del derecho con hebra triple,
- 4 vueltas a punto liso,
- 1 vuelta del derecho con hebra triple,
- 4 vueltas a punto liso,
- 1 vuelta del derecho con hebra triple,
- 2 vueltas a punto liso,
- 1 vuelta del derecho con hebra doble,
- 2 vueltas a punto liso.

En este punto, nuestro trabajo debe medir unos 52 cm. Cerramos todos los puntos de una vez.

## MONTAJE

Montamos 47 (49, 51, 53, 56) puntos en las agujas de 3 mm en el color Aubepine. Trabajamos 8 (8, 8,10,10) vueltas a punto de arroz. Cambiamos al color Flanelle y seguimos trabajando a punto jersey derecho o punto liso.

# CUELLO de doble VUELTA

## DIFICULTAD

Fácil

## TALLA

Única

## MATERIALES

- 4 ovillos de lana
de la calidad Boston de SMC
(ovillos de 50 g = 55 m,
70% acrílico, 30% lana,
para agujas de 7–8 mm)
- Agujas de tejer de 9 mm
- Aguja lanera

## MUESTRA

12 puntos x 8 vueltas a punto bobo =
10 x 10 cm

## MEDIDAS ORIENTATIVAS

52 cm de ancho x 52 cm de largo

## PUNTOS UTILIZADOS

(ver Galería de puntos, p. 32)

— **Punto bobo o punto musgo**

## INSTRUCCIONES

Montamos 30 puntos en las agujas de 9 mm.

Tejemos una pieza rectangular a punto bobo de 1,40 cm de largo.

Cerramos todos los puntos.

## MONTAJE

Para terminar nuestro cuello, solo tenemos que coser los dos extremos y rematar los hilos.

# FOULARD de algodón

## DIFICULTAD
Fácil

## TALLA
Única

## MATERIALES

- 3 ovillos de algodón de la calidad Egypto Cotton de SMC (ovillos de 50 g = 180 m. 100% algodón. para agujas de 2–3 mm)
- Agujas de tejer de 4 mm

## MUESTRA

20 puntos x 30 vueltas a punto bobo = 10 x 10 cm

## MEDIDAS ORIENTATIVAS

**Pieza terminada:**
37 cm de ancho x 160 cm de largo

## PUNTOS UTILIZADOS

*(ver Galería de puntos. p. 32)*

- **Punto bobo**
- **Punto fantasía:** 1ª vuelta: todos los puntos se trabajan del punto del derecho, pero echamos 3 hebras en lugar de una. 2ª vuelta: trabajamos todos los puntos del derecho, cogiendo solo una de las hebras, y al soltar, dejamos sueltas las 3 hebras.

## INSTRUCCIONES

Montamos 70 puntos en las agujas de 4 mm y trabajamos 4 vueltas a punto bobo. A partir de aquí trabajamos según la siguiente disposición:

- 3 vueltas a punto bobo,
- 2 vueltas a punto fantasía,
- 3 vueltas a punto bobo,
- 2 vueltas a punto fantasía...

Y repetimos esta secuencia hasta el final del trabajo.

Al llegar a 160 cm del total cerramos todos los puntos.

## MONTAJE

Solo tenemos que rematar los hilos y ya tenemos terminado nuestro *foulard*.

# JERSEY *plateado*

## DIFICULTAD

Fácil

## TALLA

S • M • L

## MATERIALES

- 8 (8, 9) ovillos de la calidad Miró 6 Fach de Schoppel, de color Grey mottled (ovillo de 50 g = 90 m, para agujas de 4-5 mm, 50% algodón-50% acrílico)

- 3 (3, 4) ovillos de la calidad Strass Light de Phildar, de color Argent (25 g = 145 m, para agujas de 3-3.5 mm, 55% poliéster, 45% lana)

- Agujas de tejer de 9 mm

- Aguja lanera

- Imperdible grande para puntos en espera

## MUESTRA

11 puntos x 17 cm a punto liso = 10 x 10 cm

## MEDIDAS ORIENTATIVAS

**Ancho espalda:**
61 (63, 66) cm

## PUNTOS UTILIZADOS

*(ver Galería de puntos, p. 32)*

- **Punto liso o punto jersey derecho**
- **Elástico 1x2**
- **Disminuciones:** Disminuimos siempre en vueltas del derecho, a 2 puntos del borde de la siguiente manera: cuando nos toca disminuir al inicio de la vuelta, tejemos 2 puntos normalmente, pasamos 1 punto sin tejer a la aguja derecha, tejemos 1 punto del derecho, pasamos el punto que hemos dejado sin tejer por encima de este último punto. Al final de la vuelta, cuando nos quedan por tejer 4 puntos, tejemos 2 puntos juntos del derecho y tejemos normalmente los 2 puntos siguientes.
- **Aumentos:** Aumentamos cogiendo la hebra inferior del punto que estemos trabajando. Todos los aumentos se realizan a partir del segundo punto, al inicio de cada vuelta, y en el penúltimo punto; nunca aumentaremos en el primero ni en el último punto.

## INSTRUCCIONES

Trabajamos al tiempo con una hebra de cada tipo (una hebra de algodón gris y una hebra de lana plateada). Se teje igual que siempre, tratando ambas hebras como si fueran una sola.

### ESPALDA

Montamos 66 (69, 72) puntos en las agujas de 9 mm. Trabajamos 8 vueltas a punto elástico 1x2. Continuamos trabajando a punto jersey derecho o punto liso.

Para la sisa, a 35 (37, 39) cm del largo total, continuamos trabajando disminuyendo en ambos lados, cada 2 vueltas (en las vueltas del derecho),17 (18, 19) veces 1 punto.

Cerramos todos los puntos.

## DELANTERO

Montamos 66 (69, 72) puntos en las agujas de 9 mm. Trabajamos 8 vueltas a punto elástico 1x2. Continuamos trabajando a punto jersey derecho o punto liso.

Para la sisa, a 35 (37, 39) cm del largo total, continuamos trabajando, disminuyendo en ambos lados, cada 2 vueltas (en las vueltas del derecho), 17 (18, 19) veces 1 punto.

Para el escote, y a 5 vueltas del final (es decir, después de la disminución 13ª para la talla S, 14ª para la talla M y 15ª para la talla L), cerramos los 10 (11, 12) puntos centrales y continuamos trabajando cada lado por separado. Seguimos trabajando, haciendo las 2 disminuciones

que nos quedan en el lado de la sisa, y a la vez, en el lado del escote y en vueltas alternas, cerramos:

- **Talla S:** 1 vez 5 puntos, 1 vez 6 puntos.
- **Talla M:** 1 vez 5 puntos, 1 vez 6 puntos.
- **Talla L:** 2 veces 6 puntos.

## MANGAS

Montamos 30 (32, 34) puntos en las agujas de 9. Trabajamos a punto liso aumentando a ambos lados:

- **Talla S:** cada 6 vueltas, 7 veces 1 punto.

- **Talla M:** cada 6 vueltas, 8 veces 1 punto.
- **Talla L:** cada 6 vueltas, 9 veces 1 punto

Seguimos trabajando a punto jersey. A 36 (37, 38) cm del largo total, continuamos trabajando, disminuyendo en ambos lados, cada 2 vueltas (en las vueltas del derecho), 17 (18, 19) veces 1 punto.

Cerramos todos los puntos.

## MONTAJE

Cosemos las sisas, los laterales y las mangas.

Rematamos los hilos.

# SOMBRERO *para mujer*

## MATERIALES

- 2 ovillos de lana
  de la calidad
  Nebuleuse de Phildar
  color Tomette
  (ovillos de 50 g = 51 m.
  41% acrílico.
  41% lana.
  18% poliamida.
  para agujas de 7 mm)
- Agujas de tejer
  de 7 mm
- Aguja lanera

## MUESTRA

12 puntos x 17 vueltas =
10 x 10 cm

## MEDIDAS ORIENTATIVAS

**Pieza terminada:**
24 cm de largo por
32 cm de diámetro
en su parte más ancha

## PUNTOS UTILIZADOS

*(ver Galería de puntos. p. 32)*

- **Punto bobo**
- **Punto liso o punto jersey derecho**
- **Aumentos:** Para esta labor, los aumentos los vamos a hacer echando una hebra sobre la aguja derecha. Esta hebra, en la siguiente vuelta, se tejerá como si fuese un punto más.

## INSTRUCCIONES

Montamos 9 puntos en las agujas de 7 mm. Trabajamos 2 vueltas a punto liso. A partir de aquí, vamos aumentando en todas las vueltas del derecho de la siguiente manera:

- Hacemos 1 punto del derecho, echamos hebra, 1 punto del derecho, echamos hebra...
- Hacemos 2 puntos del derecho, echamos hebra, 2 puntos del derecho, echamos hebra...
- Hacemos 3 puntos del derecho, echamos hebra, 3 puntos del derecho, echamos hebra...
- Hacemos 4 puntos del derecho, echamos hebra, 4 puntos del derecho, echamos hebra...
- Hacemos 5 puntos del derecho, echamos hebra, 5 puntos del derecho, echamos hebra...

A partir de aquí seguimos trabajando a lo largo de 19 cm a punto jersey derecho.

A los 19 cm, y en una vuelta del derecho, trabajamos un aumento normal en cada punto de la vuelta para hacer el ala del sombrero. Seguimos trabajando a punto bobo a lo largo de 8 vueltas.

Cerramos todos los puntos.

## MONTAJE

Enhebramos una aguja con la lana y pasamos la hebra por los 9 puntos del inicio. Fruncimos bien y cosemos la costura.

# JERSEY con corazón

## MUESTRA

20 puntos x 28 vueltas en punto liso =
10 x 10 cm

## MEDIDAS ORIENTATIVAS

Ancho espalda: 42 (46, 50) cm

## PUNTOS UTILIZADOS

*(ver Galería de puntos, p. 32)*

- **Punto liso o punto jersey derecho**
- **Punto elástico 2x2**
- **Aumentos:** Aumentamos cogiendo la hebra inferior del punto que estemos trabajando. Todos los aumentos se realizan a partir del segundo punto, al inicio de cada vuelta, y en el penúltimo punto; nunca aumentaremos en el primero ni en el último punto.

## DIFICULTAD

Intermedia

## TALLA

S • M • L

## MATERIALES

- 4 (5, 5) ovillos de la calidad Fil Cabotine de Phildar color Savane
- 1 ovillo color Índigo de la misma calidad de lana (ovillo de 50 g = 124 m. para agujas de 3,4–4 mm. 55% algodón–45% acrílico)
- Agujas de tejer de 4 mm
- Aguja lanera
- Aguja auxiliar

## INSTRUCCIONES

### ESPALDA

Montamos 88 (96, 104) puntos en las agujas de 4 mm con el color Savane. Trabajamos 8 cm en elástico 2x2.

Continuamos trabajando a punto liso, aumentando cada 8 vueltas 12 veces 1 punto a cada lado, para todas las tallas.

### Hombros

A 48 (49, 50) cm del total, cerramos en ambos lados al inicio de cada vuelta:

- **Talla S:** 4 veces 3 puntos, 3 veces 4 puntos.
- **Talla M:** 1 vez 2 puntos, 4 veces 3 puntos, 3 veces 4 puntos.
- **Talla L:** 2 veces 2 puntos, 4 veces 3 puntos, 3 veces 4 puntos.

A 54 (55, 56) cm del largo total cerramos todos los puntos.

### DELANTERO

Montamos 88 (96, 104) puntos en las agujas de 4 mm con el color Savane. Trabajamos 8 cm en elástico 2x2.

Continuamos trabajando a punto liso, aumentando cada 8 vueltas 12 veces 1 punto a cada lado, para todas las tallas.

Al mismo tiempo, a 15 (16, 17) cm del largo total, comenzamos a dibujar el corazón siguiendo el gráfico en el centro de la labor.

### Escote

A 45 (46, 47) cm de altura total, cerramos los 18 puntos centrales y trabajamos cada lado por separado, dejando el lado que no estemos trabajando en una aguja auxiliar. Los dos lados se trabajan igual pero a la inversa. Cerramos en el lado del escote:

- **Talla S:** 2 veces 4 puntos, 3 veces 2 puntos y 9 veces 1 punto.
- **Talla M:** 2 veces 4 puntos, 4 veces 2 puntos y 9 veces 1 punto.
- **Talla L:** 2 veces 4 puntos, 5 veces 2 puntos y 9 veces 1 punto.

## Hombros

A 21 (24, 27, 30) cm del largo total, cerramos cada 2 vueltas en el lado contrario al del escote (es decir, en el extremo exterior).

- **Talla S:** 4 veces 3 puntos, 3 veces 4 puntos.
- **Talla M:** 1 vez 2 puntos, 4 veces 3 puntos, 3 veces 4 puntos.
- **Talla L:** 2 veces 2 puntos, 4 veces 3 puntos, 3 veces 4 puntos.

## MONTAJE

Cosemos uno de los hombros.

Con el color Índigo recogemos los puntos alrededor del escote delantero y trasero, y trabajamos 5 cm en punto jersey derecho. Cerramos flojos todos los puntos.

Terminamos de coser el otro hombro, el cuello y los laterales, dejando sin coser para la sisa 18 (19, 20) cm.

# JERSEY con TRENZA central

## DIFICULTAD
Difícil

## TALLA
S • M • L

## MATERIALES

- 10 (11, 12) ovillos de la calidad Boston de SMC (ovillos de 50 g = 55 m, 70% acrílico, 30% lana, para agujas de 7–8 mm)
- Agujas de tejer 9 mm
- Aguja lanera
- Imperdible grande para puntos en espera
- Aguja auxiliar para ochos y trenzas

## MUESTRA

11 puntos x 16 cm a punto liso = 10 x 10 cm

## MEDIDAS ORIENTATIVAS

**Ancho espalda:** 61 (63, 66) cm

## PUNTOS UTILIZADOS

*(ver Galería de puntos, p.32)*

- **Montaje tubular**
- **Punto liso o punto jersey derecho**
- **Elástico 1x1**
- **Disminuciones:** Disminuimos siempre en vueltas del derecho, a 2 puntos del borde de la siguiente manera: cuando nos toca disminuir al inicio de la vuelta, tejemos 2 puntos normalmente, pasamos 1 punto sin tejer a la aguja derecha, tejemos 1 punto del derecho, pasamos el punto que hemos dejado sin tejer por encima de este último punto. Al final de la vuelta, cuando nos quedan por tejer 4 puntos, tejemos 2 puntos juntos del derecho y tejemos normalmente los 2 puntos siguientes.
- **Aumentos:** Aumentamos cogiendo la hebra inferior del punto que estemos trabajando. Todos los aumentos se realizan a partir del segundo punto, al inicio de cada vuelta, y en el penúltimo punto; nunca aumentaremos en el primero ni en el último punto.

Pasamos 2 puntos sin hacer a la aguja auxiliar por delante de la labor, trabajamos los 2 puntos siguientes y trabajamos los puntos de la aguja auxiliar.

Pasamos 2 puntos sin hacer a la aguja auxiliar por detrás de la labor, trabajamos los 2 puntos siguientes y trabajamos los puntos de la aguja auxiliar.

● Trabajar del revés por el derecho y del derecho por el revés.

☐ Trabajar del derecho por el derecho y del revés por el revés.

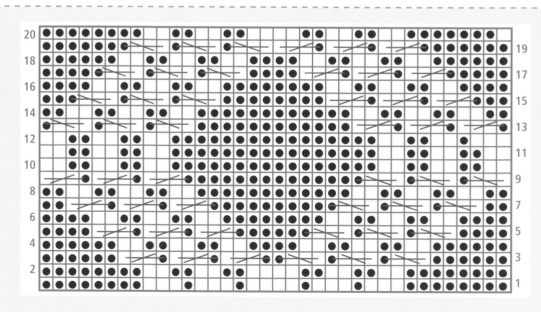

Los puntos que dejamos en la aguja auxiliar y los que tejemos mientras están en espera se tejen del derecho o del revés en función del gráfico.

## ESPALDA

Montamos 66 (68, 72) puntos en las agujas de 9 mm, con la técnica de montaje tubular (ver p. 16). Trabajamos 4 cm a punto elástico 1x1. Continuamos trabajando a punto jersey derecho o punto liso.

Para la sisa, a 45 (47, 49) cm del largo total, continuamos trabajando disminuyendo en ambos lados, cada 2 vueltas (en las vueltas del derecho), de la siguiente manera:

- **Talla S:** 5 veces 1 punto.
- **Talla M:** 6 veces 1 punto.
- **Talla L:** 7 veces 1 punto.

A 68 (70, 72) cm del largo total, cerramos todos los puntos.

## DELANTERO

Montamos 66 (69, 72) puntos en las agujas de 9 mm, con la técnica de montaje tubular (ver p. 16). Trabajamos 4 cm a punto elástico 1x1. Continuamos según la siguiente disposición:

- **Talla S:** 15 puntos a punto liso, 36 puntos a punto fantasía, 15 puntos a punto liso.

- **Talla M:** 16 puntos a punto liso, 36 puntos a punto fantasía, 16 puntos a punto liso.
- **Talla L:** 18 puntos a punto liso, 36 puntos a punto fantasía, 18 puntos a punto liso.

Para la sisa, a 45 (47, 49) cm del largo total, continuamos disminuyendo en ambos lados, cada 2 vueltas (en las vueltas del derecho), de la siguiente manera:

- **Talla S:** 5 veces 1 punto.
- **Talla M:** 6 veces 1 punto.
- **Talla L:** 7 veces 1 punto.

Al mismo tiempo, para el escote, y a 15 cm del inicio de la sisa, cerramos los 11 (13, 15) puntos centrales. Trabajamos cada lado por separado. En el lado del escote disminuimos:

- **Talla S:** 5 veces 1 punto.
- **Talla M:** 5 veces 1 punto.
- **Talla L:** 6 veces 1 punto.

A 68 (70, 72) cm del largo total, cerramos todos los puntos.

## MANGAS

Montamos 30 (32, 34) puntos en las agujas de 9 con la técnica de montaje tubular (ver p.16).

Trabajamos 4 cm a punto elástico 1x1. Trabajamos a punto liso aumentando a ambos lados:

- **Talla S:** cada 6 vueltas, 7 veces 1 punto.
- **Talla M:** cada 6 vueltas, 8 veces 1 punto.
- **Talla L:** cada 6 vueltas, 9 veces 1 punto.

Seguimos trabajando a punto jersey. A 40 (42, 43) cm del largo total, continuamos trabajando disminuyendo en ambos lados, cada 2 vueltas:

- **Talla S:** 5 veces 1 punto.
- **Talla M:** 6 veces 1 punto.
- **Talla L:** 7 veces 1 punto.

A 58 (59, 60) cm del total cerramos todos los puntos.

## MONTAJE

Cosemos uno de los hombros. Recogemos todos los puntos alrededor del escote y trabajamos 4 cm a punto elástico 1x1. Cerramos todos los puntos.

Cosemos el otro hombro y el cuello; cosemos las mangas y los laterales.

Rematamos los hilos.

# CALENTADORES con trenzas

## DIFICULTAD
Difícil

## TALLA
Única

## MATERIALES

- 4 ovillos de lana de la calidad Partner 6 de Phildar color Army (ovillos de 50 g = 66 m. 25% acrílico, 25% lana, 50% poliamida, para agujas de 5–6 mm)
- Agujas de tejer de 5 mm
- Aguja auxiliar para trenzas y ochos
- Aguja lanera

## MUESTRA

15 puntos x 21 vueltas a punto liso = 10 x 10 cm

## MEDIDAS ORIENTATIVAS

**Pieza terminada:** 24 cm de diámetro sin estirar y 33 cm de largo

## PUNTOS UTILIZADOS

(ver Galería de puntos, p. 32)

- **Punto elástico 1x1**
- **Montaje tubular**
- **Punto jersey revés**
- **Punto fantasía** (ver gráfico)

## INSTRUCCIONES

Montamos 60 puntos mediante el método de montaje tubular (p. 16).

Tejemos 3,5 cm a punto elástico 1x1. Continuamos trabajando según gráfico, repitiendo el motivo hasta tener un total de 5 trenzas, con 3 puntos a punto jersey revés entre ellas. Seguimos con el gráfico hasta un total de 28 cm de largo.

Cambiamos a elástico 1x1.

A una altura total de la labor de 33 cm, cerramos flojos todos los puntos.

Trabajamos otra pieza igual.

## MONTAJE

Cosemos el lateral de cada pieza y rematamos los hilos.

---

- ● Punto del revés
- □ Punto del derecho

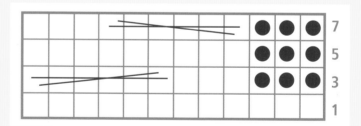

Cogemos en la aguja auxiliar 3 puntos y los dejamos en espera por detrás de la labor. Tejemos del derecho los 3 puntos siguientes. Tejemos del derecho los 3 puntos que están en la aguja auxiliar.

Cogemos en la aguja auxiliar 3 puntos y les dejamos en espera por delante de la labor. Tejemos del derecho los 3 puntos siguientes. Tejemos del derecho los 3 puntos que están en la aguja auxiliar.

En las vueltas pares, se trabajan los puntos como se presentan (es decir, los puntos que hemos trabajado al revés se trabajan del derecho, y los puntos que hemos trabajado al derecho se trabajan del revés).

# BUFANDA *para hombre*

## DIFICULTAD

Fácil

## TALLA

Única

## MATERIALES

- 2 ovillos de lana de la calidad Partner 6 de Phildar color Acier
- 2 ovillos de color Aviateur (ovillos de 50 g = 66 m. 25% acrílico. 25% lana. 50% poliamida. para agujas de 5-6 mm)
- Agujas de tejer de 7 mm

## MUESTRA

13 puntos x 16 vueltas = 10 x 10 cm

## MEDIDAS ORIENTATIVAS

**Pieza terminada:**
24 cm de ancho x 140 cm de largo

## PUNTOS UTILIZADOS

*(ver Galería de puntos. p. 32)*

- Punto bobo
- Punto liso o punto jersey derecho

## INSTRUCCIONES

Montamos 32 puntos en las agujas de 7 mm con el color Aviateur. Trabajamos a punto bobo durante 14 vueltas.

Cambiamos al color Acier y trabajamos 8 vueltas a punto liso.

Cambiamos de nuevo al color Aviateur y seguimos trabajando a punto liso a lo largo de otras 8 vueltas. Seguimos con esta disposición, haciendo franjas de 8 vueltas en punto liso de cada color hasta tener un total de 25 franjas (acabamos con una franja de color Acier).

Entonces trabajamos 14 vueltas a punto bobo con el color Aviateur.

Cerramos todos los puntos.

## MONTAJE

Rematamos los hilos. Mojamos la pieza y dejamos secar sobre una toalla bien extendida para que no se nos rice en los bordes.

# JERSEY de hombre

## DIFICULTAD

Fácil

## TALLA

S • M • L • XL

## MATERIALES

- 13 (13, 14, 15) ovillos de la calidad Boston de SMC color Pine (ovillo de 50 g = 55 m. para agujas de 7–8 mm. 30% lana–70% acrílico)
- Agujas de tejer de 7.5 mm
- Aguja lanera
- Aguja auxiliar

## MUESTRA

13 puntos x 17 vueltas a punto liso = 10 x 10 cm

## MEDIDAS ORIENTATIVAS

**Ancho espalda:**
55 (60, 64, 69) cm

**Ancho base manga para todas las tallas:** 27 cm

## PUNTOS UTILIZADOS

*(ver Galería de puntos, p. 32–33)*

- **Punto elástico 1x1**
- **Punto jersey derecho o punto liso**
- **Punto jersey revés**
- **Aumentos:** Aumentamos cogiendo la hebra inferior del punto que estemos trabajando. Todos los aumentos se realizan a partir del segundo punto, al inicio de cada vuelta, y en el penúltimo punto; nunca aumentaremos en el primero ni en el último punto.

## INSTRUCCIONES

### ESPALDA

Montamos 72 (78, 84, 90) puntos en las agujas de 7,5 mm. Trabajamos 5 cm a punto elástico 1x1. Continuamos trabajando según la siguiente distribución:
- 20 vueltas a punto jersey derecho,
- 4 vueltas a punto jersey revés.

A 64 (65, 66, 67) cm del inicio de la labor cerramos todos los puntos.

### DELANTERO

Montamos 72 (78, 84, 90) puntos en las agujas de 7,5 mm. Trabajamos 5 cm a punto elástico 1x1. Continuamos trabajando según la siguiente distribución:
- 20 vueltas a punto jersey derecho,
- 4 vueltas a punto jersey revés.

### Escote

A 57 (58, 59, 60) cm de altura total, cerramos los 16 puntos centrales y continuamos trabajando cada lado por separado. Para todas las tallas, en el lado del escote cerramos cada 2 vueltas:
- 3 veces 2 puntos,
- 2 veces 1 punto.

A 64 (65, 66, 67) cm del inicio de la labor cerramos todos los puntos.

El otro lado lo trabajamos igual, pero a la inversa.

### MANGAS

Para todas las tallas montamos 36 puntos. Trabajamos 5 cm a punto elástico 1x1. Seguimos trabajando toda la manga a punto jersey derecho, aumentando en ambos lados:
- **Talla S:** cada 6 vueltas 11 veces 1 punto.
- **Talla M:** cada 6 vueltas 12 veces 1 punto.
- **Talla L:** cada 6 vueltas 13 veces 1 punto.
- **Talla XL:** cada 6 vueltas 14 veces 1 punto.

A 52 cm del inicio de la labor, cerramos todos los puntos.

### MONTAJE

Cosemos uno de los hombros. Recogemos los puntos alrededor del cuello y trabajamos 17 vueltas a punto jersey derecho. Cerramos todos los puntos.

Cosemos el cuello y el otro hombro, mangas y laterales.

Rematamos los hilos.

# GORRO *para hombre*

## DIFICULTAD

Fácil

## TALLA

Única

## MATERIALES

- 2 ovillos de lana de la calidad Partner 6 de Phildar color Camel
- 1 ovillo de color Ecorce (ovillos de 50 g = 66 m, 25% acrílico, 25% lana, 50% poliamida, para agujas de 5-6 mm)
- Agujas de tejer de 7 mm
- Aguja lanera

## MUESTRA

13 puntos x 16 vueltas = 10 x 10 cm

## MEDIDAS ORIENTATIVAS

**Pieza terminada:**
30 cm de largo x 38 cm de diámetro sin estirar

## PUNTOS UTILIZADOS

*(ver Galería de puntos, p. 33)*

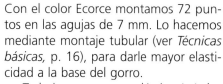

- **Montaje tubular**
- **Punto elástico 1x1**
- **Punto elástico 6x2**
- **Aumentos:** Para esta labor, los aumentos los vamos a hacer echando una hebra sobre la aguja derecha; esta hebra, en la siguiente vuelta, se tejerá como si fuese un punto más.
- **Disminuciones:** Disminuimos siempre en vueltas del derecho. Para este proyecto trabajamos todas las disminuciones haciendo 2 puntos juntos en vueltas del derecho.

## INSTRUCCIONES

Con el color Ecorce montamos 72 puntos en las agujas de 7 mm. Lo hacemos mediante montaje tubular (ver *Técnicas básicas,* p. 16), para darle mayor elasticidad a la base del gorro.

Trabajamos a punto elástico 1x1 durante 5 cm. Cambiamos a color Camel y seguimos trabajando a punto elástico 6x2.

A 25 cm de largo total comenzamos a disminuir. Las disminuciones las hacemos en todas las vueltas del derecho. Para que queden bien repartidas, cogemos juntos el penúltimo y el último puntos de cada franja del derecho (las franjas de 6 puntos), del elástico 6x1. Seguimos disminuyendo siempre de la misma forma hasta que nos quede solo 1 punto del derecho. Entonces, cogemos juntos todos los puntos del derecho y el primer punto que tenemos del revés, tejiendo del derecho el punto doble.

En la siguiente vuelta del derecho hacemos disminuciones en todos los puntos, es decir, los tejemos todos de dos en dos. Deberían quedarnos 9 puntos en la aguja. Los dejamos sin cerrar en esta.

## MONTAJE

Sin cerrar estos puntos, cortamos la hebra dejándola muy larga, la enhebramos y metemos la aguja lanera por los puntos que tenemos aún en la aguja de tejer. Los sacamos de la aguja de tejer y tiramos fuerte para fruncir. Con la misma hebra, cosemos el lateral del gorro.

# MITONES de jacquard

## DIFICULTAD

Difícil

## TALLA

Única

## MATERIALES

- 2 ovillos de lana de la calidad Partner 6 de Phildar color Ecorce
- 1 ovillo de color Brume (ovillos de 50 g = 66 m. 25% acrílico. 25% lana. 50% poliamida. para agujas de 5-6 mm)
- Agujas de tejer de 7 mm
- Aguja lanera

## MUESTRA

13 puntos x 16 vueltas = 10 x 10 cm

## MEDIDAS ORIENTATIVAS

**Pieza terminada:**
21 cm de largo y 16 cm de diámetro sin estirar en el puño

## PUNTOS UTILIZADOS

*(ver Galería de puntos, p. 33)*

- **Montaje tubular**
- **Punto elástico 1x1**
- **Punto liso**
- **Aumentos:** Aumentamos cogiendo la hebra inferior del punto que estemos trabajando.

## INSTRUCCIONES

Con el color Ecorce montamos 30 puntos en las agujas de 7 mm. Lo hacemos mediante montaje tubular (ver *Técnicas básicas,* p. 16), para darle mayor elasticidad a la empuñadura de los mitones.

Trabajamos a punto elástico 1x1 durante 5 cm. Trabajamos 2 vueltas a punto liso.

Cambiamos al color Brume y trabajamos otras 2 vueltas en punto liso. A partir de aquí, vamos intercalando los dos colores siguiendo el gráfico para formar los dibujos. Trabajamos 2 vueltas más a punto liso en el color Brume.

Cambiamos de color y trabajamos el resto del patrón en el color Ecorce, a punto liso o jersey derecho.

Ahora tenemos que formar el dedo **pulgar**. A 13 cm del largo total, y en una vuelta del derecho, trabajamos 20 puntos al derecho, añadimos 5 puntos en la aguja derecha y giramos la labor. Trabajamos solo 10 puntos (los 5

que acabamos de añadir y los 5 siguientes) y el resto se deja en espera. Seguimos a punto liso hasta que el dedo mide 3,5 cm. Cerramos los 10 puntos.

Seguimos trabajando primero los 15 puntos que hemos dejado en espera y ahora recogemos los 5 puntos que hemos montado. Para hacer esto, los tenemos que coger por la base, con la aguja izquierda, cogiendo primero el primer punto que montamos. Seguimos trabajando todos los puntos para terminar la vuelta.

Seguimos a punto liso hasta llegar a 19 cm del largo total. Aquí comenzamos a formar el resto de los dedos en una vuelta del derecho:

Para el **meñique**, trabajamos el primer punto, hacemos 1 aumento, trabajamos 1 punto, hacemos 1 aumento y trabajamos un último punto. Seguimos trabajando en estos 5 puntos a lo largo de 3 cm. Cerramos todos los puntos.

Para el **anular**, trabajamos 3 puntos, hacemos 1 aumento y trabajamos otro punto. Trabajamos estos 5 puntos a lo largo de 3 cm y cerramos todos los puntos.

Para el **corazón**, repetimos lo que hemos hecho con el anular.

Para el dedo **índice**, trabajamos 2 puntos del derecho, hacemos 1 au-

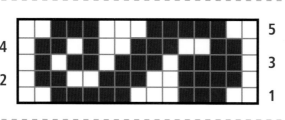

Color Ecorce

mento, trabajamos 2 puntos del derecho, hacemos 1 aumento y trabajamos otros 2 puntos del derecho. Seguimos en estos 8 puntos a punto jersey hasta llegar a los 3 cm. Cerramos los puntos.

**Ahora tenemos que trabajar el otro lado de los dedos:**

Para el **corazón,** trabajamos 3 puntos, hacemos 1 aumento y trabajamos otro punto. Trabajamos estos 5 puntos a lo largo de 3 cm y cerramos todos los puntos.

Para el **anular,** repetimos lo que hemos hecho con el corazón.

Para el **meñique,** trabajamos el primer punto, hacemos 1 aumento, trabajamos 1 punto, hacemos 1 aumento y trabajamos un último punto. Seguimos trabajando en estos 5 puntos a lo largo de 3 cm. Cerramos todos los puntos.

Para el **índice,** trabajamos 2 puntos, 1 aumento, 2 puntos, 1 aumento, 2 puntos. Seguimos trabajando estos 8 puntos a lo largo de 3 cm. Cerramos todos los puntos.

Trabajamos el otro mitón igual, pero a la inversa.

## MONTAJE

Cosemos los dedos y hacemos la costura de los mitones.

# CHAQUETITA de punto bobo

## TALLA

1, 3, 6, 9, 12 y 18 meses

## MATERIALES

- 2 (3, 3,4, 5, 5) ovillos de la calidad Rápido de Phildar color Chanvre (ovillo de 50 g = 41 m, para agujas de 7 mm, 50% poliamida, 25% acrílico, 25% lana)
- Agujas de tejer de 7 mm
- Aguja lanera
- 2 botones
- Imperdible grande para puntos en espera

## MUESTRA

13 puntos x 28 vueltas a punto bobo = 10 x 10 cm

## MEDIDAS ORIENTATIVAS

**Ancho espalda:**
21 (23, 25, 27, 29, 31) cm
**Ancho total:**
48 (52, 56, 60, 64, 68) cm
**Ancho manga:**
16 (17, 18, 19, 20, 21) cm de diámetro sin estirar en el puño

## PUNTOS UTILIZADOS

*(ver Galería de puntos, p. 32)*

- **Punto bobo o punto musgo**
- **Disminuciones:** Disminuimos siempre en vueltas del derecho, a 2 puntos del borde, de la siguiente manera: cuando nos toca disminuir al inicio de la vuelta, tejemos 2 puntos normalmente, pasamos 1 punto sin tejer a la aguja derecha, tejemos 1 punto del derecho, pasamos el punto que hemos dejado sin tejer por encima de este último punto. Al final de la vuelta, cuando nos quedan por tejer 4 puntos, tejemos 2 puntos juntos del derecho y tejemos normalmente los 2 puntos siguientes.
- **Ojal de 2 puntos:** Para hacer un ojal de 2 puntos, en la vuelta y en la posición que nos indiquen, cerramos 2 puntos. Terminamos la vuelta y, al volver, cuando lleguemos a los 2 puntos cerrados, montamos 2 puntos nuevos y seguimos trabajando.

62

## INSTRUCCIONES

La espalda y los delanteros se trabajan en una sola pieza. Montamos 62 (68, 73, 78, 84, 89) puntos en las agujas de 7 mm. Trabajamos a punto bobo o punto de musgo durante 9 (11, 13, 15, 17, 19) cm.

Para la sisa, separamos la pieza en tres partes (los dos delanteros y la espalda), con la siguiente distribución de puntos:

- **Talla 1 mes:** 17 puntos para un delantero, 28 puntos para la espalda y 17 puntos para el otro delantero.

- **Talla 3 meses:** 18 puntos para un delantero, 32 puntos para la espalda, 18 puntos para el otro delantero.

- **Talla 6 meses:** 19 puntos para un delantero, 35 puntos para la espalda y 19 puntos para el otro delantero.

- **Talla 9 meses:** 21 puntos para un delantero, 36 puntos para la espalda y 21 puntos para el otro delantero.

- **Talla 12 meses:** 22 puntos para un delantero, 40 puntos para la espalda y 22 puntos para el otro delantero.

- **Talla 18 meses:** 23 puntos para un delantero, 43 puntos para la espalda y 23 puntos para el otro delantero.

Trabajamos primero un delantero, luego la espalda y por último el segundo delantero, dejando las piezas que no estamos trabajando en una aguja o un imperdible en espera.

Para los delanteros, trabajamos disminuyendo solo en el lado de la sisa, y en la espalda disminuimos en ambos lados, cada 4 vueltas, 7 (8, 9, 10, 11, 12) veces 1 punto. A la vez, en el delantero derecho, hacemos un ojal de 2 puntos a la altura del inicio de la sisa y otro a 2 vueltas de terminar el delantero.

A 19 (22, 25, 28, 30, 32) cm del total, volvemos a dejar los puntos en espera.

## MANGAS

Montamos 21 (23, 24, 25, 26, 28) puntos en las agujas de 7 mm. Trabajamos 13 (14, 15, 16, 17, 18) cm a punto bobo o punto de musgo.

Para la sisa, disminuimos en ambos lados, cada 4 vueltas, 7 (8, 9, 10, 11, 12) veces 1 punto.

A 23 (25, 27, 29, 31, 33) cm del total, dejamos en espera.

## MONTAJE

En una aguja de 7 mm vamos metiendo los puntos que hemos dejado en espera con la siguiente disposición: 1 delantero -1 manga-espalda -1 manga -1 delantero.

Trabajamos 6 vueltas a punto bobo para todas las tallas y cerramos los puntos. Cosemos mangas y botones.

# BUFANDA *de zorro*

## DIFICULTAD

Fácil

## TALLA

Única

## MATERIALES

- 3 ovillos de la calidad Lambswool de Phildar color Bengale
- 1 ovillo color Flanelle (ovillo de 50 g = 134 m. para agujas de 3 mm. 51% lana. 49% acrílico)
- Agujas de tejer de 3 mm
- Aguja lanera
- Fieltro negro
- Ojitos para coser

## MUESTRA

29 puntos x 39 vueltas = 10 x 10 cm

## MEDIDAS ORIENTATIVAS

**Pieza terminada:**
18 cm de ancho x 110 cm de largo

## PUNTOS UTILIZADOS

*(ver Galería de puntos, p. 32)*

- **Punto liso o jersey derecho**
- **Punto elástico 2x2**
- **Punto jersey revés**
- **Disminuciones:** Disminuimos siempre en vueltas del derecho, a 2 puntos del borde de la siguiente manera: cuando nos toca disminuir al inicio de la vuelta, tejemos 2 puntos normalmente, pasamos 1 punto sin tejer a la aguja derecha, tejemos 1 punto del derecho, pasamos el punto que hemos dejado sin tejer por encima de este último punto. Al final de la vuelta, cuando nos quedan por tejer 4 puntos, tejemos 2 puntos juntos del derecho y tejemos normalmente los 2 puntos siguientes.

## INSTRUCCIONES

Montamos 52 puntos en las agujas de 3 mm con el color Bengale. Trabajamos 2 cm a punto elástico 2x2. Seguimos trabajando a punto jersey derecho.

A 95 cm de largo total empezamos a disminuir 1 punto en cada lado en todas las vueltas del derecho un total de 21 veces. Cerramos los puntos restantes.

## OREJAS

Para las orejas, haremos 2 piezas iguales de cada color.

**Parte posterior:**
Antes de empezar, hay que tener en cuenta que las disminuciones de las orejas las vamos a hacer a 3 puntos de la orilla.

Montamos en color Bengale 20 puntos. Seguimos trabajando a punto jersey derecho y al mismo tiempo disminuimos 2 veces 1 punto a cada lado cada 4 vueltas, y 3 veces cada 2 vueltas. Tejemos 3 vueltas más y cerramos todos los puntos.

**Parte delantera:**
Aquí vamos a disminuir en el primer y el último puntos.

Con el color Flanelle, montamos 12 puntos. Seguimos trabajando en punto jersey revés. Para esta pieza, tenemos que ir disminuyendo en ambos bordes 1 vez cada 2 vueltas (en las vueltas que toca del revés), hasta que solo nos quede 1 punto en la aguja. Rematamos ese punto.

## MONTAJE

Para coser las orejas, pasamos una aguja lanera con lana por los puntos que hemos cerrado en la parte de atrás de la oreja y fruncimos.

Colocamos la parte de delante de las orejas y cosemos ambas partes entre sí.

Cosemos las orejas a la bufanda, cosemos los ojos y el trocito de fieltro para el hocico, y rematamos los hilos.

# CHALECO con bolsillo

## DIFICULTAD

Fácil

## TALLA

2, 4, 6, 8 y 10 años

## MATERIALES

- 2 (2, 2, 3, 4) ovillos de la calidad Phil Douce de Phildar color Bruyere
- 1 ovillo color Lupin, de la misma calidad de lana (ovillo de 50 g = 86 m, para agujas de 4,5-5,5 mm, 100% poliéster)
- Agujas de tejer de 5,5 mm
- Aguja lanera
- Aguja auxiliar

## MUESTRA

16 puntos x 24 vueltas en punto liso =
10 x 10 cm

## MEDIDAS ORIENTATIVAS

**Ancho espalda:**
27 (31, 34, 37, 40) cm

## PUNTOS UTILIZADOS

*(ver Galería de puntos, p. 32)*

- **Punto bobo**
- **Disminuciones:** Disminuimos siempre en vueltas del derecho, a 2 puntos del borde, de la siguiente manera: cuando nos toca disminuir al inicio de la vuelta, tejemos 2 puntos normalmente, pasamos 1 punto sin tejer a la aguja derecha, tejemos 1 punto del derecho, pasamos el punto que hemos dejado sin tejer por encima de este último punto. Al final de la vuelta, cuando nos quedan por tejer 4 puntos, tejemos 2 puntos juntos del derecho y tejemos normalmente los 2 puntos siguientes.

## INSTRUCCIONES

### ESPALDA

Montamos 43 (50, 55, 60, 64) puntos en las agujas de 5,5 mm con el color Bruyere. Trabajamos a punto bobo.

Para la sisa, a 24 (25, 26, 28, 32) cm de alto total cerramos en ambos lados:
- **2 años:** 1 vez 2 puntos, 3 veces 1 punto.
- **4 años:** 1 vez 2 puntos, 4 veces 1 punto.
- **6 años:** 2 veces 2 puntos, 3 veces 1 punto.
- **8 años:** 1 vez 3 puntos, 1 vez 2 puntos, 3 veces 1 punto.
- **10 años:** 1 vez 3 puntos, 1 vez 2 puntos, 4 veces 1 punto.

Seguimos trabajando a punto bobo.

A 35 (36, 40, 45, 50) cm del largo total cerramos todos los puntos.

### DELANTERO

Montamos 43 (50, 55, 60, 64) puntos en las agujas de 5,5 mm con el color Bruyere. Trabajamos a punto bobo.

Para la sisa, a 24 (25, 26, 28, 32) cm de alto total cerramos en ambos lados:
- **2 años:** 1 vez 2 puntos, 3 veces 1 punto.
- **4 años:** 1 vez 2 puntos, 3 veces 1 punto.
- **6 años:** 2 veces 2 puntos, 3 veces 1 punto.
- **8 años:** 1 vez 3 puntos, 1 vez 2 puntos, 3 veces 1 punto.
- **10 años:** 1 vez 3 puntos, 1 vez 2 puntos, 4 veces 1 punto.

Seguimos trabajando a punto bobo.

### Escote

A 32 (33, 37, 42, 47) cm de altura total, cerramos los 9 (9, 9, 10, 10) puntos centrales y trabajamos cada lado por separado, dejando el que no estemos trabajando en una aguja auxiliar. Los dos lados se trabajan igual pero a la inversa. Cerramos en el lado del escote:
- **2 años:** 3 veces 2 puntos.
- **4 años:** 1 vez 3 puntos, 2 veces 2 puntos.
- **6 años:** 2 veces 3 puntos, 1 vez 2 puntos.
- **8 años:** 1 vez 3 puntos, 3 veces 2 puntos.

**10 años:** 2 veces 3 puntos, 2 vez 2 puntos.

A 35 (36, 40, 45, 50) cm del largo total cerramos todos los puntos.

Trabajamos igual el otro lado.

## Bolsillo

Montamos 32 (36, 40, 45, 48) puntos en el color Lupin. Trabajamos 4 (4, 5, 5, 6) cm a punto bobo. Cerramos a cada lado:

**2 años:** 1 vez 2 puntos, 3 veces 1 punto.

**4 años:** 1 vez 2 puntos, 4 veces 1 punto.

**6 años:** 2 veces 2 puntos, 3 veces 1 punto.

**8 años:** 1 vez 3 puntos, 1 vez 2 puntos, 3 veces 1 punto.

**10 años:** 1 vez 3 puntos, 1 vez 2 puntos, 4 veces 1 punto.

A 13 (13, 15, 15, 17) cm del total cerramos todos los puntos.

## MONTAJE

Cosemos los hombros y los laterales. Cosemos el bolsillo.

# JERSEY de rayas

## DIFICULTAD
Fácil

## TALLA
4, 6, 8, 10 años

## MATERIALES

- 3 (4, 5, 5) ovillos de la calidad Extra Soft Merino Cotton de SMC Select, color Beige
- 1 (1, 2, 2) ovillos del color Dark Blue
- 1 (2, 2, 2) ovillos del color Burgundy (ovillos de 50 g = 130 m. para agujas de 3-4 mm. 30% algodón-70% merino)
- Agujas de tejer de 4 mm
- Aguja lanera
- Aguja auxiliar

## MUESTRA

28 puntos x 34 vueltas a punto liso = 10 x 10 cm

## MEDIDAS ORIENTATIVAS

**Ancho espalda:**
36 (39, 42, 45) cm
**Ancho base manga:**
21 (22, 23, 24) cm

## PUNTOS UTILIZADOS

*(ver Galería de puntos, p. 32-33)*

- **Punto elástico 1x1**
- **Punto jersey derecho o punto liso**
- **Aumentos:** Aumentamos cogiendo la hebra inferior del punto que estemos trabajando. Todos los aumentos se realizan a partir del segundo punto, al inicio de cada vuelta, y en el penúltimo punto; nunca aumentaremos en el primero ni en el último punto.
- **Disminuciones:** Disminuimos tejiendo 2 puntos juntos del derecho. Todas las disminuciones se realizan a 2 puntos de la orilla.

## INSTRUCCIONES

### ESPALDA

Montamos 100 (110, 118, 126) puntos en las agujas de 4 mm con el color Beige. Trabajamos 4 cm a punto elástico 1x1. Continuamos trabajando a punto jersey derecho según la siguiente distribución:

- 6 vueltas en el color Burgundy,
- 12 vueltas en el color Beige,
- 4 vueltas en elcolor Dark Blue,
- 12 vueltas en el color Beige.

#### Sisas

A (24, 27, 30, 32) cm del total, para la sisa, menguamos en ambos lados cada 2 vueltas:

- **Talla 4 años:** 2 veces 2 puntos, 2 veces 1 punto.
- **Talla 6 años:** 3 veces 2 puntos, 2 veces 1 punto.
- **Talla 8 años:** 3 veces 2 puntos, 3 veces 1 punto.
- **Talla 10 años:** 4 veces 2 puntos, 2 veces 1 punto.

A 41 (45, 49, 53) cm del total cerramos todos los puntos.

### DELANTERO

Montamos 100 (110, 118, 126) puntos en las agujas de 4 mm con el color Beige. Trabajamos 4 cm a punto elástico 1x1. Continuamos trabajando a punto jersey derecho según la siguiente distribución:

- 6 vueltas en el color Burgundy,
- 12 vueltas en el color Beige,
- 4 vueltas en elcolor Dark Blue,
- 12 vueltas en el color Beige.

#### Sisas

A 24 (27, 30, 32) cm del total, para la sisa, menguamos en ambos lados cada 2 vueltas:

- **Talla 4 años:** 2 veces 2 puntos, 2 veces 1 punto.
- **Talla 6 años:** 3 veces 2 puntos, 2 veces 1 punto.
- **Talla 8 años:** 3 veces 2 puntos, 3 veces 1 punto.
- **Talla 10 años:** 4 veces 2 puntos, 2 veces 1 punto.

## Escote

A 36 (40, 44, 48) cm de altura total, cerramos los 19 (22, 25, 28) puntos centrales y continuamos trabajando cada lado por separado. Continuamos trabajando, cerrando cada 2 vueltas para todas las tallas:

- 1 vez 3 puntos,
- 2 veces 2 puntos,
- 3 veces 1 punto.

A 41 (45, 49, 53) cm del total, cerramos todos los puntos.

El otro lado lo trabajamos igual, pero a la inversa.

## MANGAS

Montamos 58 (61, 64, 67) puntos en las agujas de 4 mm con el color Beige. Trabajamos 4 cm a punto elástico 1x1. Continuamos trabajando a punto jersey derecho haciendo 6 vueltas en el color Burgundy, 12 vueltas en el color Beige y 4 vueltas en el color Dark Blue. A partir de aquí seguimos trabajando en punto jersey derecho en color Beige. Al mismo tiempo, aumentamos en ambos lados:

➤ **Talla 4 años:** Cada 6 vueltas 10 veces 1 punto.

➤ **Talla 6 años:** Cada 6 vueltas alternativamente 12 veces 1 punto.

➤ **Talla 8 años:** Cada 6 vueltas 14 veces 1 punto.

➤ **Talla 10 años:** Cada 6 vueltas 15 veces 1 punto.

A 28 (32, 36, 40) cm del largo total, cerramos todos los puntos.

## MONTAJE

Cosemos uno de los hombros. Recogemos los puntos alrededor del cuello con el color Beige y trabajamos 8 vueltas a elástico 1x1. Cerramos todos los puntos.

Cosemos el cuello y el otro hombro, mangas y laterales.

# JERSEY de rayas para BEBÉ

## DIFICULTAD

Intermedia

## TALLA

3, 6, 12, 18 meses

## MATERIALES

- 2 (2, 2, 3, 3) ovillos de la calidad Lambswool de Phildar color Flanelle
- 1 ovillo color Anis (de la misma calidad de lana)
- 1 ovillo color Lagon (de la misma calidad de lana) (ovillo de 50 g = 134 m, para agujas de 3 mm, 51% lana – 49% acrílico)
- Agujas de tejer de 3 mm
- Aguja lanera
- Aguja auxiliar
- 3 botones

## MUESTRA

29 puntos x 39 vueltas = 10 x 10 cm

## MEDIDAS ORIENTATIVAS

**Ancho espalda:**
24 (26, 28, 30) cm
**Ancho manga:**
17 (18, 19, 20) cm

## PUNTOS UTILIZADOS

*(ver Galería de puntos, p. 32)*

- **Punto liso o punto jersey derecho**
- **Punto de arroz**
- **Aumentos:** Aumentamos cogiendo la hebra inferior del punto que estemos trabajando. Todos los aumentos se realizan a partir del segundo punto, al inicio de cada vuelta, y en el penúltimo punto; nunca aumentaremos en el primero ni en el último punto.
- **Ojales de 2 puntos:** Para hacer un ojal de 2 puntos, en la vuelta y en la posición que nos indiquen, cerramos 2 puntos. Terminamos la vuelta y al volver, cuando lleguemos a los 2 puntos cerrados, montamos 2 puntos nuevos y seguimos trabajando.

## INSTRUCCIONES

La disposición de las franjas en todo el jersey es la siguiente:

6 vueltas en color Lagon a punto de arroz. Cambiamos al color Flanelle y trabajamos 10 vueltas a punto jersey derecho. Cambiamos al color Anis y trabajamos 6 vueltas a punto de arroz. Volvemos a cambiar al color Flanelle y trabajamos 10 vueltas a punto jersey derecho o punto liso. Esta secuencia se repite a lo largo de todo el jersey.

### ESPALDA

Montamos 80 (87, 94, 120) puntos en las agujas de 3 mm con el color Lagon. Seguimos trabajando con la secuencia de colores y puntos ya explicada.

A 12 (15, 18, 21) cm de altura total, para la abertura, cerramos los 2 puntos centrales y trabajamos cada lado por separado. El lado que no estamos trabajando lo dejamos en una aguja auxiliar.

### Hombros

A 21 (24, 27, 30) cm del total, cerramos cada 2 vueltas en el extremo exterior (el contrario a la abertura):

- **3 meses:** 3 veces 7 puntos.
- **6 meses:** 3 veces 8 puntos.
- **9 meses:** 3 veces 9 puntos.
- **18 meses:** 1 vez 10 puntos, 2 veces 9 puntos.

### Escote

A 22 (25, 28, 31) cm del total cerramos todos los puntos.

El otro lado lo trabajamos igual, pero a la inversa.

### DELANTERO

Montamos con el color Lagon 80 (87, 94, 120) puntos en las agujas de 3 mm. Trabajamos con la secuencia de colores y puntos ya explicada.

## Escote

A 19 (22, 25, 28) cm de altura total, cerramos los 12 (15, 18, 22) puntos centrales y trabajamos cada lado por separado, dejando el lado que no estemos trabajando en una aguja auxiliar. Los dos lados se trabajan igual pero a la inversa. Cerramos en el lado del escote, cada 2 vueltas, 1 vez 4 puntos, 1 veces 3 puntos y 1 vez 2 puntos (para todas las tallas).

## Hombros

A 21 (24, 27, 30) cm del largo total, cerramos cada 2 vueltas en el lado contrario al del escote (es decir, en el extremo exterior).
- **3 meses:** 3 veces 7 puntos.
- **6 meses:** 3 veces 8 puntos.
- **9 meses:** 3 veces 9 puntos.
- **18 meses:** 1 vez 10 puntos, 2 veces 9 puntos.

## MANGAS

Trabajamos dos piezas iguales.

Montamos con el color Lagon 56 (62, 62, 68) puntos en las agujas de 3 mm. Trabajamos con la secuencia de colores y puntos ya explicada. Al tiempo, vamos aumentando en cada lado de la siguiente manera:
- **3 meses:** cada 4 vueltas y cada 6 vueltas, aumentamos 8 veces 1 punto.
- **6 meses:** cada 6 vueltas, aumentamos 9 veces 1 punto.
- **9 meses:** cada 4 vueltas y cada 6 vueltas, alternativamente, aumentamos 12 veces 1 punto.
- **12 meses:** cada 6 vueltas aumentamos 12 veces 1 punto.

Al llegar a 15 (17, 19, 21) cm del largo total, cerramos todos los puntos.

## MONTAJE

Cosemos los hombros.

Con el color Anis, recogemos los puntos alrededor del escote y trabajamos 4 vueltas a punto de arroz. Cerramos.

Con el color Anis, recogemos los puntos en el lado izquierdo de la abertura y trabajamos 4 vueltas a punto de arroz. Cerramos.

Con el color Anis, recogemos los puntos en el lado izquierdo de la abertura y trabajamos 2 vueltas a punto de arroz. En la tercera vuelta trabajamos 3 ojales de 2 puntos, repartidos entre los puntos que tenemos. Terminamos la vuelta, trabajamos la 4ª vuelta y cerramos.

Terminamos de coser las mangas, los laterales, las tapetas (la base de la abertura) y cosemos los botones.

# CHALECO de bebé

## DIFICULTAD

Intermedia

## TALLA

1, 3, 6, 12, 18 meses

## MATERIALES

- 2 (2, 2, 3, 3) ovillos de la calidad Lambswool de Phildar color Chanvre (ovillo de 50 g = 134 m, para agujas de 3 mm, 51% lana – 49% acrílico)
- Agujas de tejer de 3 mm
- Aguja lanera
- Aguja auxiliar
- 1 botón

## MUESTRA

29 puntos x 39 vueltas a punto bobo = 10 x 10 cm

## MEDIDAS ORIENTATIVAS

**Ancho espalda:**
23 (24, 26, 28, 31) cm
**Ancho delantero:**
12'5 (13, 14, 15, 16'5) cm

## PUNTOS UTILIZADOS

*(ver Galería de puntos, p. 32)*

- **Punto bobo**
- **Bodoque de 5 puntos:** En un único punto trabajamos de la siguiente manera: Hacemos un punto del derecho sin sacarlo de la aguja izquierda, echamos hebra, trabajamos otro punto del derecho en el mismo punto también sin sacarlo, echamos hebra y trabajamos otro punto del derecho sacándolo ya de la aguja izquierda. Nos quedan 5 puntos. Trabajamos 1 vuelta del revés y 1 del derecho sobre esos 5 puntos. Trabajamos 2 puntos juntos del revés, 1 punto del derecho y 2 puntos juntos del revés. Nos quedan 3 puntos. Pasamos 2 puntos sin hacer, hacemos 1 punto del derecho y pasamos por encima los 2 puntos que hemos pasado sin hacer para cerrarlos. Nos queda 1 punto.
- **Disminuciones:** Disminuimos siempre en vueltas del derecho, a 2 puntos del borde de la siguiente manera: cuando nos toca disminuir al inicio de la vuelta, tejemos 2 puntos normalmente, pasamos 1 punto sin tejer a la aguja derecha, tejemos 1 punto del derecho, pasamos el punto que hemos dejado sin tejer por encima de este último punto. Al final de la vuelta, cuando nos quedan por tejer 4 puntos, tejemos 2 puntos juntos del derecho y tejemos normalmente los 2 puntos siguientes.
- **Ojal de 2 puntos:** Para hacer un ojal de 2 puntos, en la vuelta y en la posición que nos indiquen, cerramos 2 puntos. Terminamos la vuelta, y al volver, cuando lleguemos a los 2 puntos cerrados, montamos 2 puntos nuevos y seguimos trabajando.

## INSTRUCCIONES

### ESPALDA

Montamos 66 (69, 75, 81, 90) puntos en las agujas de 3 mm. Seguimos trabajando a punto bobo.

Para la sisa, a 11 (13, 15, 17, 18'5) cm de largo total, cerramos, para todas las tallas:

- 1 vez 3 puntos.
- 1 vez 2 puntos.
- 3 veces 1 punto.

### Escote

A 20 (23, 26, 29, 31) cm del total, cerramos los 20 (23, 27, 29, 34) puntos centrales y seguimos trabajando cada lado por separado.

### Hombros

Trabajamos 1 vuelta a punto bobo y, a partir de aquí, cerramos en el lado de los hombros (el contrario del escote):

- **1 mes:** 1 vez 7 puntos, 1 vez 8 puntos.
- **3 meses:** 1 vez 7 puntos, 1 vez 8 puntos.
- **6 meses:** 2 veces 8 puntos.
- **12 meses:** 2 veces 9 puntos.
- **18 meses:** 2 veces 10 puntos.

El otro lado lo trabajamos igual, pero a la inversa.

### DELANTERO

Montamos 38 (38, 40, 44, 48) puntos en las agujas de 3 mm. Trabajamos 4 vueltas a punto bobo. Hacemos una primera vuelta con bodoques de 5 puntos de la siguiente manera: trabajamos a 3 (3, 4, 2, 4) puntos del inicio de la vuelta, 1 bodoque, 3 puntos, 1 bodoque,

3 puntos... hasta terminar la vuelta, teniendo en cuenta que nos queden al final 3 (3, 4, 2, 4) puntos del derecho. En la siguiente vuelta trabajamos de la misma manera pero empezando a 5 (5, 6, 4, 6) puntos del inicio de la vuelta, quedando 5 (5, 6, 4, 6) puntos del derecho al final de la vuelta.

Seguimos trabajando a punto bobo.

Para la sisa, a 11 (13, 15, 17, 18'5) cm de largo total, cerramos, para todas las tallas:

- 1 vez 3 puntos.
- 1 vez 2 puntos.
- 3 veces 1 punto.

## Escote

A 15 (18, 21, 22, 25) cm de altura total, y a 2 puntos de la orilla, disminuimos en el lado del escote:

- **1 mes:** cada 2 vueltas, 10 veces 1 punto; cada 4 vueltas, 2 veces 1 punto.
- **3 meses:** cada 2 vueltas, 12 veces 1 punto; cada 4 vueltas, 1 vez 1 punto.
- **6 meses:** cada 2 vueltas, 14 veces 1 punto.
- **12 meses:** cada 2 vueltas, 11 veces 1 punto; cada 4 vueltas, 4 veces 1 punto.
- **18 meses:** cada 2 vueltas, 15 veces 1 punto; cada 4 vueltas, 2 veces 1 punto.

## Hombros

A 20 (23, 26, 29, 31) cm del total trabajamos 1 vuelta a punto bobo y, a partir de aquí, cerramos en el lado de los hombros (el contrario del escote):

- **1 mes:** 1 vez 7 puntos, 1 vez 8 puntos.
- **3 meses:** 1 vez 7 puntos, 1 vez 8 puntos.
- **6 meses:** 2 veces 8 puntos.
- **12 meses:** 2 veces 9 puntos.
- **18 meses:** 2 veces 10 puntos.

El otro lado lo trabajamos igual, pero a la inversa.

## MONTAJE

Cosemos los hombros.

Recogemos los puntos alrededor de la parte exterior de los delanteros (en el lado correspondiente del escote) y trabajamos 6 vueltas de punto bobo. Cerramos todos los puntos.

Ojal: solo en el delantero izquierdo, trabajamos un ojal de 2 puntos en la quinta vuelta de la tapeta, a la altura del inicio del escote.

Cosemos los laterales y cosemos el botón.

# CHAQUETITA con bolsillos

(ver Galería de puntos, p. 32)

## DIFICULTAD

Intermedia

## TALLA

3, 6, 12, 18, 24 meses

## MATERIALES

• 2 (2, 2, 3, 3) ovillos de la calidad Lambswool de Phildar color Flanelle

• 1 ovillo color Aubepine de la misma calidad de lana (ovillo de 50 g = 134 m, para agujas de 3 mm, 51% lana – 49% acrílico)

• Agujas de tejer de 3 mm

• Aguja lanera

## MUESTRA

29 puntos x 39 vueltas = 10 x 10 cm

## MEDIDAS ORIENTATIVAS

**Ancho espalda:**
26 (28, 30, 32, 34) cm

**Ancho delantero sin tapeta:**
13 (14, 15, 16, 17) cm

**Ancho manga:**
17 (18, 19, 20, 21) cm

## PUNTOS UTILIZADOS

(ver Galería de puntos, p. 32)

- **Punto liso o punto jersey derecho**
- **Punto de arroz**
- **Disminuciones:** Disminuimos siempre en vueltas del derecho, a 2 puntos del borde de la siguiente manera: cuando nos toca disminuir al inicio de la vuelta, tejemos 2 puntos normalmente, pasamos 1 punto sin tejer a la aguja derecha, tejemos 1 punto del derecho, pasamos el punto que hemos dejado sin tejer por encima de este último punto. Al final de la vuelta, cuando nos quedan por tejer 4 puntos, tejemos 2 puntos juntos del derecho y tejemos normalmente los 2 puntos siguientes.
- **Aumentos:** Aumentamos cogiendo la hebra inferior del punto que estemos trabajando. Todos los aumentos se realizan a partir del segundo punto, al inicio de cada vuelta, y en el penúltimo punto; nunca aumentaremos en el primero ni en el último punto.

## INSTRUCCIONES

### ESPALDA

Montamos 70 (76, 80, 86, 90) puntos en las agujas de 3 mm con el color Aubepine. Trabajamos 8 (8, 8, 10, 10) vueltas a punto de arroz. Cambiamos al color Flanelle y seguimos trabajando a punto jersey derecho o punto liso.

Para la sisa, a 13 (15, 17, 19, 21) cm del largo central, cerramos una vez 2 puntos en cada lado en todas las tallas. Continuamos trabajando disminuyendo en ambos lados 21 (21, 23, 24, 25) veces un punto.

A 25 (28, 31, 34, 37) cm del total, cerramos todos los puntos.

### DELANTERO

Trabajamos dos piezas iguales, disminuyendo en la sisa en la primera pieza en el inicio de la vuelta y en la segunda al final de cada vuelta.

Montamos 35 (38, 40, 43, 45) puntos en las agujas de 3 mm con el color Aubepine. Trabajamos 8 (8, 8, 10, 10) vueltas a punto de arroz. Cambiamos al color Flanelle y seguimos trabajando a punto jersey derecho o punto liso.

Para la sisa, a 13 (15, 17, 19, 21) cm del largo central, cerramos una vez 2 puntos en el lado de la sisa. Continuamos trabajando disminuyendo en el lado que corresponda a cada delantero 21 (21, 23, 24, 25) veces 1 punto.

A 25 (28, 31, 34, 37) cm del total, cerramos todos los puntos.

### MANGAS

Montamos 47 (49, 51, 53, 56) puntos en las agujas de 3 mm en el color Aubepine. Trabajamos 8 (8, 8, 10, 10) vueltas a punto de arroz. Cambiamos al color Flanelle y seguimos trabajando a punto jersey derecho o punto liso.

A partir de aquí aumentamos de la siguiente manera:

- **3 meses:** Cada 10 vueltas, 3 veces 1 punto.
- **6 meses:** Cada 8 vueltas, 4 veces 1 punto.
- **12 meses:** Cada 6 y 8 vueltas, alternativamente, 6 veces 1 punto.
- **18 meses:** Cada 6 vueltas, 7 veces 1 punto.
- **24 meses:** Cada 6 y 8 vueltas, alternativamente, 8 veces 1 punto.

Para la sisa, a 12'5 (14, 15'5, 17, 18'5) cm menguamos en ambos lados 21 (22, 23, 24, 25) veces 1 punto.

A 24'5 (27, 29'5, 32, 34'5) cm del total cerramos todos los puntos.

## BOLSILLOS

En color Aubepine montamos 13 (15, 17, 19, 21) puntos. Trabajamos 4'5 (5, 5'5, 6, 6'5) cm a punto de arroz. Cerramos todos los puntos.

## MONTAJE

Cosemos las sisas, los laterales y las mangas.

Para el cuello y la tapeta delantera:

Recogemos los puntos en dos veces. Primero de la mitad del cuello hacia la derecha y luego del mismo punto hacia la izquierda. Recogemos todos los puntos y con el color Aubepine tejemos 8 (8, 8, 10, 10) vueltas a punto de arroz, teniendo en cuenta que, para que la tapeta de los delanteros nos quede rizada, en la primera vuelta, cada 10 puntos aumentamos 1. Si queremos más rizo, aumentamos 1 punto cada 5 puntos. Cerramos todos los puntos.

Cosemos el cuello por la parte de atrás y los bolsillos.

# Patucos y CAPOTA

## DIFICULTAD
Intermedia

## TALLA
Única

## MATERIALES
- 3 ovillos de la calidad Lambswool de Phildar color Aubepine (ovillo de 50 g = 134 m. para agujas de 3 mm. 51% lana – 49% acrílico)
- Agujas de tejer de 3 mm
- Aguja lanera
- Cinta de raso
- Opcional: tela para forrar la capota

## MUESTRA
29 puntos x 39 vueltas = 10 x 10 cm

## MEDIDAS ORIENTATIVAS
Capota: 37 cm de diámetro en la parte delantera

## PUNTOS UTILIZADOS
*(ver Galería de puntos, p. 32)*

- **Punto bobo**
- **Aumentos:** Aumentamos cogiendo la hebra inferior del punto que estemos trabajando.
- **Disminuciones:** Hacemos 2 puntos juntos.

## INSTRUCCIONES

### PATUCOS

Hacemos 2 piezas iguales.

Montamos 41 puntos en las agujas de 3 mm. Ahora vamos aumentando en las vueltas impares. En las vueltas pares, tejemos todos los puntos del derecho. Los aumentos los hacemos de la siguiente manera:

**Vuelta 1:** hacemos 20 puntos, aumentamos 1, tejemos 1 y aumentamos otro. Terminamos la vuelta.

**Vuelta 3:** hacemos 20 puntos, aumentamos 1, tejemos 3, aumentamos 1 y terminamos la vuelta.

**Vuelta 5:** hacemos 20 puntos, aumentamos 1, tejemos 5, aumentamos 1 y terminamos la vuelta.

**Vuelta 7:** hacemos 20 puntos, aumentamos 1, tejemos 7, aumentamos 1 y terminamos la vuelta.

**Vuelta 9:** hacemos 20 puntos, aumentamos 1, tejemos 9, aumentamos 1 y terminamos la vuelta.

**Vuelta 11:** hacemos 20 puntos, aumentamos 1, tejemos 11, aumentamos 1 y terminamos la vuelta.

**Vuelta 13:** hacemos 20 puntos, aumentamos 1, tejemos 13, aumentamos 1 y terminamos la vuelta.

Tejemos 3 vueltas a punto bobo.

**Vuelta 17:** hacemos 32 puntos, 1 disminución y giramos la labor.

Ahora, trabajamos todas las vueltas como sigue: trabajamos 13 puntos, hacemos 1 disminución, giramos y lo repetimos otras 10 veces.

Trabajamos otras 12 vueltas y cerramos todos los puntos.

## CAPOTA

Montamos 110 puntos en las agujas de 3 mm. Trabajamos a punto bobo. En la 5ª vuelta, disminuimos 28 puntos repartidos.

A los 11 cm del total, hacemos 54 puntos y giramos. Empezamos a trabajar solo con los 20 puntos centrales.

Ahora trabajamos como sigue: trabajamos los 20 puntos centrales y hacemos también el primer punto de los que hemos dejado en espera. Giramos. Trabajamos los 21 puntos centrales y trabajamos el primer punto que hay en espera. Giramos. Trabajamos los 22 puntos centrales y trabajamos el primer punto que tenemos en espera. Giramos.

Seguimos así hasta que nos queden 26 puntos en el centro. Ahora, seguimos trabajando igual pero, al llegar al final de cada vuelta, trabajamos juntos el último punto y el primero que queda en espera. Cuando ya no queden puntos en espera, cerramos la labor.

## MONTAJE

Cosemos los patucos.

Cosemos la capota. Cortamos dos cintas iguales del largo deseado y las cosemos a ambos lados de la capota.

Nos enrollamos una hebra de lana alrededor de los dedos índice y corazón para formar el lazo. Atamos el centro del bucle que hemos formado con otra hebra y lo cosemos a los patucos y la capota.

## Opcional

Podemos hacer un forrito de tela con la forma y el tamaño de la capota y cosérselo por dentro para que la lana no le pique al bebé.

# BOLERO de niña

## MUESTRA

11 puntos x 17 vueltas a punto liso =
10 x 10 cm

## MEDIDAS ORIENTATIVAS

**Ancho espalda:**
28 (31, 34, 36, 39) cm
**Ancho manga:**
17 (21, 23, 25, 27) cm

## DIFICULTAD

Intermedia

## TALLA

2, 4, 6, 8, 10 años

## MATERIALES

- 2 (3, 3, 4, 4) ovillos de la calidad Cabaré de SMC Select, color Blush (ovillo de 50 g = 55 m, para agujas de 12 mm, 78% algodón–22% poliéster)
- Agujas de tejer de 12 mm
- Aguja lanera
- 2 botones grandes
- Imperdible grande para puntos en espera

## PUNTOS UTILIZADOS

*(ver Galería de puntos, p. 32)*

- **Punto liso o punto jersey derecho**
- **Aumentos:** Aumentamos cogiendo la hebra inferior del punto que estemos trabajando. Todos los aumentos se realizan a partir del segundo punto, al inicio de cada vuelta, y en el penúltimo punto; nunca aumentaremos en el primero ni en el último punto.
- **Disminuciones:** Disminuimos siempre en vueltas del derecho, a 2 puntos del borde de la siguiente manera: cuando nos toca disminuir al inicio de la vuelta, tejemos 2 puntos normalmente, pasamos 1 punto sin tejer a la aguja derecha, tejemos 1 punto del derecho, pasamos el punto que hemos dejado sin tejer por encima de este último punto. Al final de la vuelta, cuando nos quedan por tejer 4 puntos, tejemos 2 puntos juntos del derecho y tejemos normalmente los 2 puntos siguientes.
- **Ojal de 2 puntos:** Para hacer un ojal de 2 puntos, en la vuelta y en la posición que nos indiquen, cerramos 2 puntos. Terminamos la vuelta y, al volver, cuando lleguemos a los 2 puntos cerrados, montamos 2 puntos nuevos y seguimos trabajando.

## INSTRUCCIONES

### ESPALDA

Montamos 32 (34, 38, 40, 44) puntos en las agujas de 12 mm. Trabajamos a punto liso.

Para la sisa, a 6 (7, 8, 9, 11) cm del largo total, cerramos en ambos lados:
- **2 años:** 3 veces 1 punto.
- **4 años:** 3 veces 1 punto.
- **6 años:** 1 vez 2 puntos, 2 veces 1 punto.
- **8 años:** 1 vez 2 puntos, 2 veces 1 punto.
- **10 años:** 2 veces 2 puntos, 1 vez 1 punto.

Continuamos trabajando a punto liso.

### Escote

A 19 (23, 25, 27, 30) cm del largo total, cerramos los 14 (14, 16, 16, 18) puntos centrales y continuamos trabajando por separado.

## Hombros

Una vez cerrados todos los puntos centrales, hacemos 1 vuelta a punto liso y cerramos cada 2 vueltas, para los hombros:

- **2 años:** 2 veces 3 puntos.
- **4 años:** 1 vez 4 puntos, 1 vez 3 puntos.
- **6 años:** 1 vez 4 puntos, 1 vez 3 puntos.
- **8 años:** 2 veces 4 puntos.
- **10 años:** 2 veces 4 puntos.

## DELANTERO

Tejemos 2 piezas iguales, pero trabajamos en cada pieza a la inversa (es decir, en un delantero los aumentos van a la derecha y en el otro van a la izquierda).

Montamos 5 (6, 8, 9, 10) puntos en las agujas de 12 mm. Trabajamos 2 vueltas a punto liso. A partir de aquí aumentamos en el lado del escote:

- **2 años:** 6 veces 2 puntos, 6 veces 1 punto.
- **4 años:** 7 veces 2 puntos, 7 veces 1 punto.
- **6 años:** 7 veces 2 puntos, 9 veces 1 punto.
- **8 años:** 8 veces 2 puntos, 9 veces 1 punto.
- **10 años:** 8 veces 2 puntos, 11 veces 1 punto.

En la última vuelta de aumentos y solo en el delantero izquierdo hacemos un ojal de 2 puntos a 2 puntos del escote y otro a 6 (7, 7, 8, 8) puntos del hombro.

Al mismo tiempo, para la sisa, a 6 (7, 8, 9, 11) cm del largo total, cerramos en ambos lados:

- **2 años:** 3 veces 1 punto.
- **4 años:** 3 veces 1 punto.
- **6 años:** 1 vez 2 puntos, 2 veces 1 punto.
- **8 años:** 1 vez 2 puntos, 2 veces 1 punto.

- **10 años:** 2 veces 2 puntos, 1 vez 1 punto.

Continuamos trabajando a punto liso.

## Escote

Al terminar los aumentos, cerramos todos los puntos, dejando solo los 6 (7, 7, 8, 8) puntos de los hombros.

## Hombros

Una vez cerrados los puntos del escote, hacemos 1 vuelta a punto liso y cerramos cada 2 vueltas, para los hombros:

- **2 años:** 2 veces 3 puntos.
- **4 años:** 1 vez 4 puntos, 1 vez 3 puntos.
- **6 años:** 1 vez 4 puntos, 1 vez 3 puntos.
- **8 años:** 2 veces 4 puntos.
- **10 años:** 2 veces 4 puntos.

## MANGAS

Montamos 22 (27, 29, 32, 34) puntos en las agujas de 12 mm. Trabajamos 2 vueltas a punto liso. A partir de aquí seguimos trabajando a punto liso disminuyendo en todas las vueltas del derecho 1 punto a cada lado. Seguimos trabajando así hasta que la manga mida 11 (13, 15, 16, 17) cm. Cerramos todos los puntos restantes.

Trabajamos la otra manga igual.

## MONTAJE

Cosemos los hombros y los laterales.

Cosemos las mangas teniendo en cuenta que no se cierran por la parte de abajo; es decir, cosemos los laterales de la manga a la sisa delantera y trasera sin hacer costura en la manga.

Cosemos los botones.

# ALFILETEROS

### DIFICULTAD

Fácil

### TALLA

Única

### MATERIALES

- 1 ovillo de la calidad Lambswool de Phildar color Eglantine
- 1 ovillo color Lagon (ovillo de 50 g = 134 m. para agujas de 3 mm. 51% lana – 49% acrílico)
- Agujas de tejer de 3 mm
- Aguja de coser
- Hilo
- Tela (una pieza de 12 x 12 cm para el alfiletero en jacquard y una pieza de 11 x 11 cm para el alfiletero rosa)
- Relleno

### MUESTRA

26 puntos x 39 vueltas = 10 x 10 cm

### MEDIDAS ORIENTATIVAS

**Alfiletero rosa:**
10 x 10 cm

**Alfiletero en jacquard:**
11 x 11 cm

### PUNTOS UTILIZADOS

*(ver Galería de puntos, p. 32)*

- **Punto liso o punto jersey derecho**
- **Jacquard (p. 35)**

### INSTRUCCIONES

### ALFILETERO ROSA

Montamos 26 puntos en las agujas de 3 mm con el color Eglantine. Trabajamos 10 cm a punto liso o jersey derecho y cerramos todos los puntos.

### ALFILETERO EN *JACQUARD*

Montamos 34 puntos en el color Lagon. Trabajamos 6 vueltas a punto jersey derecho. Seguimos trabajando según el gráfico hasta repetir el motivo 4 veces, dejando 3 puntos en color Lagon al principio y al final de cada vuelta para que el dibujo quede centrado. Trabajamos 6 vueltas a punto jersey derecho en color Lagon y cerramos todos los puntos.

### MONTAJE

Cosemos la pieza de punto a la pieza de tela dejando en la tela un dobladillo de 0'5 cm en cada lado. Dejamos sin coser 3 cm y metemos por esa abertura el relleno. Terminamos de coser.

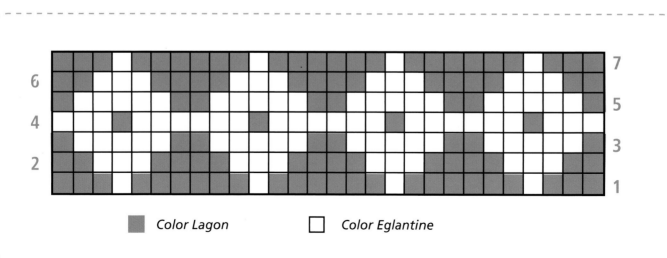

Color Lagon     Color Eglantine

# CUBREBOTES

## DIFICULTAD

Naranja: *fácil*
Beis: *difícil*

## TALLA

*Única*

## MATERIALES

Para el naranja:

• 1 ovillo de algodón de la calidad Aviso de Phildar color Grenadine (ovillos de 50 g = 58 m, 60% algodón, 40% acrílico, para agujas de 5 mm)

Para el beis:

• 1 ovillo de color Naturel de la misma calidad de algodón
• Agujas de tejer de 5 mm
• Aguja lanera
• Botes de cristal
• Etiqueta hecha a mano

## MUESTRA

15 puntos x 22 vueltas a punto liso = 10 x 10 cm

## MEDIDAS ORIENTATIVAS

**Pieza naranja:**
23 cm de diámetro x 11 cm de altura
**Pieza beis:**
36 cm de diámetro x 16 cm de altura

## PUNTOS UTILIZADOS

*(ver Galería de puntos, p. 32)*

➥ **Punto bobo**
➥ **Punto jersey derecho o punto liso**
➥ **Punto fantasía:** Técnica entrelac (se explica en las instrucciones del cubrebotes beis).
➥ **Disminuciones:** Pasamos 1 punto sin tejer a la aguja derecha, tejemos 1 punto del derecho, pasamos el punto que hemos dejado sin tejer por encima de este último punto.
➥ **Aumentos:** Aumentamos cogiendo la hebra inferior del punto que estemos trabajando.

## INSTRUCCIONES

### NARANJA

Montamos 35 puntos en las agujas de 5 mm en el color Grenadine. Comenzamos a tejer 6 cm a punto jersey derecho o punto liso. A partir de aquí trabajamos en la siguiente disposición, empezando por 1 vuelta del revés:

• 3 vueltas a punto bobo.
• 4 vueltas a punto liso.
• 3 vueltas a punto bobo.
• 4 vueltas a punto jersey.
Cerramos todos los puntos.

### BEIS

Montamos 34 puntos en las agujas de 5 mm en el color Naturel. Trabajamos de la siguiente manera:

➥ **1ª fila:** *Vuelta 1:* tejemos 2 puntos al revés y giramos la labor. *Vuelta 2 y todas las pares:* tejemos todos los puntos al derecho y giramos la labor. *Vuelta 3:* tejemos 3 puntos al revés y giramos la labor. *Vuelta 5:* tejemos 4 puntos al revés y giramos la labor.

Seguimos así hasta tejer 8 puntos al revés. Giramos la labor.

Tejemos los demás puntos en grupos de 8 puntos de la misma manera para ir formando los triangulos iniciales de la base.

➥ **2ª fila:** Ahora vamos a tejer los cuadrados de la segunda línea y para ello lo haremos por el derecho del tejido.

➥ **1er triángulo:** *Vuelta 1:* tejemos 2 puntos al derecho y giramos la labor. *Vuelta 2 y todas las pares:* tejemos todos los puntos al revés. *Vuelta 3:* hacemos un aumento tejiendo solo el punto que levantamos del derecho, hacemos una disminución y giramos. *Vuelta 5:* hacemos un aumento, tejemos 2 puntos al derecho, hacemos una disminución y giramos. *Vuelta 7:* hacemos un aumento, tejemos 3 puntos al derecho, hacemos una disminución y giramos. *Vuelta 9:* hacemos un aumento, tejemos 4 puntos al derecho, hacemos una disminución y giramos. *Vuelta 11:* hacemos un aumento, tejemos 5 puntos al derecho, hacemos una disminución y giramos. *Vuelta 13:* hacemos un aumento, tejemos 6 puntos al derecho, hacemos una disminución y no giramos la labor.

**1er cuadrado completo:** *Vuelta 1:* levantamos 7 puntos del otro lateral del triángulo y tejemos 1 punto de la aguja izquierda al derecho; giramos la labor. *Vuelta 2 y todas la pares:* tejemos todos los puntos al revés y giramos la labor. *Vuelta 3:* tejemos 7 puntos al derecho, hacemos una disminución y giramos. Repetimos la vuelta 3 otras 6 veces (con las vueltas pares tejidas del revés), pero en la última vuelta no giramos la labor.

Tejemos los siguientes cuadrados de la misma manera levantando los puntos en cada uno de los triángulos.

**Último triángulo de la segunda fila:** *Vuelta 1:* levantamos 8 puntos del costado izquierdo del último triángulo de base y giramos. *Vuelta 2:* tejemos 2 puntos juntos al revés, tejemos 6 puntos al revés y giramos. *Vuelta 3 y todas las impares:* tejemos todos los puntos al derecho y giramos. *Vuelta 4:* tejemos 2 puntos juntos al revés, tejemos 5 puntos al revés y giramos. *Vuelta 6:* tejemos 2 puntos juntos al revés, tejemos 4 puntos al revés y giramos. *Vuelta 8:* tejemos 2 puntos juntos al revés, tejemos 3 puntos al revés y giramos. *Vuelta 10:* tejemos 2 puntos juntos al revés, tejemos 2 puntos al revés y giramos. *Vuelta 12:* tejemos 2 puntos juntos al revés, tejemos 1 punto al revés y giramos. *Vuelta 14:* tejemos 2 puntos juntos al revés y giramos.

**3ª fila:** Ahora tejeremos los cuadrados por el revés de la labor. *Vuelta 1:* pasamos el punto que quedó a la aguja izquierda y lo tejemos, levantamos 7 puntos al revés del costado del triángulo de la vuelta anterior y giramos. *Vuelta 2 y todas las pares:* tejemos todos los puntos al derecho y giramos. *Vuelta 3:* tejemos 7 puntos al revés, tejemos 2 puntos juntos al revés y giramos. Repetimos 7 veces la tercera vuelta haciendo las vueltas pares del derecho. En la última vuelta no giramos.

Tejeremos el resto de los cuadrados de esta fila de la misma manera.

**4ª fila:** La 4ª fila la tejeremos de la misma manera que la 2ª fila.

**5ª fila:** Luego comenzaremos a tejer los triángulos de cierre de la última fila. *Vuelta 1:* pasamos el punto que quedó a la aguja izquierda y lo tejemos, levantamos 7 puntos al revés del costado del triángulo de la vuelta anterior y giramos. *Vuelta 2 y todas las pares:* tejemos todos los puntos al derecho y giramos. *Vuelta 3:* hacemos 1 disminución del revés, tejemos 5 puntos al revés, tejemos 2 puntos juntos del revés y giramos la labor. *Vuelta 5:* hacemos 1 disminución del revés, tejemos 4 puntos al revés, tejemos 2 puntos juntos del revés y giramos la labor. *Vuelta 7:* hacemos 1 disminución simple al revés, tejemos 3 puntos al revés, tejemos 2 puntos juntos al revés y giramos la labor. *Vuelta 9:* hacemos 1 disminución simple al revés, tejemos 2 puntos al revés, tejemos 2 puntos juntos al revés y giramos la labor. *Vuelta 11:* hacemos 1 disminución simple al revés, tejemos 1 punto al revés, tejemos 2 puntos juntos al revés y giramos la labor. *Vuelta 13:* hacemos 1 disminución simple al revés, tejemos 2 puntos juntos al revés y giramos la labor. *Vuelta 15:* hacemos 1 disminución doble al revés y no giramos la labor.

Tejemos el resto de los triángulos de nuestra última fila de la misma manera.

## MONTAJE

Cosemos el lateral de las piezas y metemos en ellas los botes. Rematamos los hilos.

**Opcional:** coser una etiqueta de «hecho a mano» en el bote naranja.

# TOALLITA *a punto de arroz*

## DIFICULTAD
Fácil

## TALLA
Única

## MATERIALES

- 2 ovillos de algodón de la calidad Natura de DMC color Ibiza (ovillos de 50 g = 155 m, 100% algodón, para agujas de 2,5–3,5 mm)
- Agujas de tejer de 3'5 m

## MUESTRA

26 puntos x 48 vueltas a punto de arroz = 10 x 10 cm

## MEDIDAS ORIENTATIVAS

**Pieza terminada:**
30 cm de ancho x 50 cm de largo

## PUNTOS UTILIZADOS

*(ver Galería de puntos, p. 34)*

➤ **Punto de arroz**

## INSTRUCCIONES

Montamos 78 puntos en las agujas de 3,5 mm. Tejemos una pieza de 50 cm de largo a punto de arroz. Cerramos los puntos.

## MONTAJE

Rematamos los hilos. Mojamos la pieza y la dejamos secar sobre una toalla seca.

# BOLSO con boquilla

## DIFICULTAD

Fácil / Intermedia (con forro)

## TALLA

Única

## MATERIALES

• 1 ovillo de lana de
la calidad Tweed de Luxe,
color Midnight Blue/Neutral
(ovillos de 50 g = 80 m,
54% alpaca, 32% lana,
14% poliamida,
para agujas de 6'5-7 mm)

• Agujas de tejer de 7 mm

• Boquilla metálica para coser
de 16 cm de embocadura

• Cadena

Opcional para el forro:

• Pieza de tela de algodón de
19 cm de ancho x 36 cm de largo
(incluido 1 cm de margen a cada
lado para costura)

## MUESTRA

13 puntos x 22 vueltas a punto bobo =
10 x 10 cm

## INSTRUCCIONES

Montamos 32 puntos en las agujas de
7 mm. Trabajamos a punto bobo hasta
llegar a 36 cm de largo.

Cerramos todos los puntos.

## MONTAJE

Doblamos la pieza por la mitad y cosemos los laterales por el revés de la
pieza.

## PUNTOS UTILIZADOS

(ver Galería de puntos, p. 32)

— **Punto bobo**

## MEDIDAS ORIENTATIVAS

**Pieza terminada:**
24 cm de ancho x 36 cm de largo

Damos la vuelta al tejido y cosemos
la pieza a la boquilla. Para coser la pieza
a la boquilla, lo mejor es ir cosiendo
desde el centro de esta hacia un extremo y luego desde el centro hacia el
otro extremo; de esa forma, podemos
repartir mejor el frunce.

Colocamos la cadena.

**Opcional:**

Si queremos forrar el bolso, cortamos una pieza de tela de 19 cm de
ancho x 36 cm de alto. Cosemos por
el revés los laterales de la tela, dejando
una costura de 1 cm, y cosemos el forro
a la pieza de punto por los extremos de
arriba, dejando hacia el interior un dobladillo de 1 cm en la tela. Cosemos a la
boquilla las dos piezas juntas.

# MOCHILA de trapillo

## DIFICULTAD

Fácil

## TALLA

Única

## MATERIALES

- 1 ovillo de trapillo de 1 kg. a ser posible con algo de *lycra*
- Agujas de tejer de 15 mm
- Aguja lanera
- 2 botones
- 2 correas de cuero para mochila

## MUESTRA

9 puntos x 13 vueltas a punto liso = 10 x 10 cm

## MEDIDAS ORIENTATIVAS

**Mochila terminada:**
35 cm de ancho x 27 cm de largo

## PUNTOS UTILIZADOS

*(ver Galería de puntos, p. 32)*

- Punto liso o jersey derecho
- Ojal de 2 puntos

## INSTRUCCIONES

Montamos 34 puntos en las agujas de 15 mm. Trabajamos a punto liso o jersey derecho. A 72 cm del inicio de la labor, y a 6 puntos de cada extremo, trabajamos un ojal (uno en cada extremo) de 2 puntos.

Al llegar a 76 cm del total cerramos todos los puntos.

## MONTAJE

Cosemos 22 cm en los laterales, de manera que nos quede una solapa de 32 cm.

Cosemos los botones y las dos correas de cuero.

# CLUTCH de trapillo

## DIFICULTAD

Media

## TALLA

Única

## MATERIALES

- 1 ovillo de trapillo de 1 kg, a ser posible con algo de *lycra*
- Agujas de tejer de 10 mm
- Aguja lanera
- Cremallera de 30 cm

Opcional:

- Para el forro: pieza de tela de 32 x 38 cm
- Borlas o pompones para decorar

## MUESTRA

9 puntos x 16 vueltas a punto bobo = 10 x 10 cm

## MEDIDAS ORIENTATIVAS

**Pieza terminada:**
30 cm de ancho x 18 cm de alto

## PUNTOS UTILIZADOS

*(ver Galería de puntos, p. 32)*

➤ **Punto bobo o punto musgo**

## INSTRUCCIONES

Montamos 27 puntos en las agujas de 10 mm.

Tejemos una pieza a punto bobo de 36 cm de alto.

Cerramos todos los puntos.

## MONTAJE

Doblamos la pieza por la mitad y cosemos los laterales. Si sabemos un poco de ganchillo, podemos sustituir la costura por una tira de cadeneta que quede vista, cogiendo ambos lados. Cosemos la cremallera en la parte superior.

**Opcional:** Si queremos ponerle forro, cortamos una pieza de tela de 32 x 38 cm (la medida del bolso más 1 cm en cada lado para la costura). Cosemos los laterales por el revés. Cosemos la cremallera haciendo un dobladillo en la parte superior de la tela.

Metemos el forro en la pieza que hemos tejido y lo cosemos a mano al bolso.

# COJÍN en damero

## DIFICULTAD

Fácil

## TALLA

Única

## MATERIALES

- 4 ovillos de algodón de la calidad Boston Sun en color pistacho (ovillos de 100 g = 100 m. 50% algodón. 50% acrílico. para agujas de 7-8 mm)
- Agujas de tejer de 7'5 mm
- Aguja lanera
- Cremallera de 45 cm
- Relleno para cojín de 45 x 45 cm

## PUNTOS UTILIZADOS

(ver Galería de puntos. p. 32)

- **Punto liso o jersey derecho**
- **Punto bobo**

## MUESTRA

12 puntos x 18 vueltas a punto liso = 10 x 10 cm

## MEDIDAS ORIENTATIVAS

**Pieza terminada:**
45 cm de ancho x 90 cm de largo

## INSTRUCCIONES

Montamos 54 puntos en las agujas de 7'5 mm. Tejemos una pieza de 90 cm de largo según la siguiente disposición:

➤ **1** Las vueltas pares las trabajamos enteras al derecho. En las vueltas impares trabajamos 6 puntos del derecho, 6 del revés, 6 del derecho, 6 del revés...

Tejemos así 6 vueltas. A partir de aquí:

➤ **2** Las vueltas pares se siguen trabajando enteras del derecho. En las vueltas impares trabajamos 6 puntos del revés, 6 puntos del derecho, 6 puntos del revés, 6 puntos del derecho...

Tejemos así 6 vueltas.

Repetimos 1 y 2 hasta llegar a los 90 cm de largo.

Cerramos todos los puntos.

## MONTAJE

Doblamos la pieza por la mitad y cosemos los laterales.

Cosemos a mano la cremallera en un lateral y metemos el relleno.

90

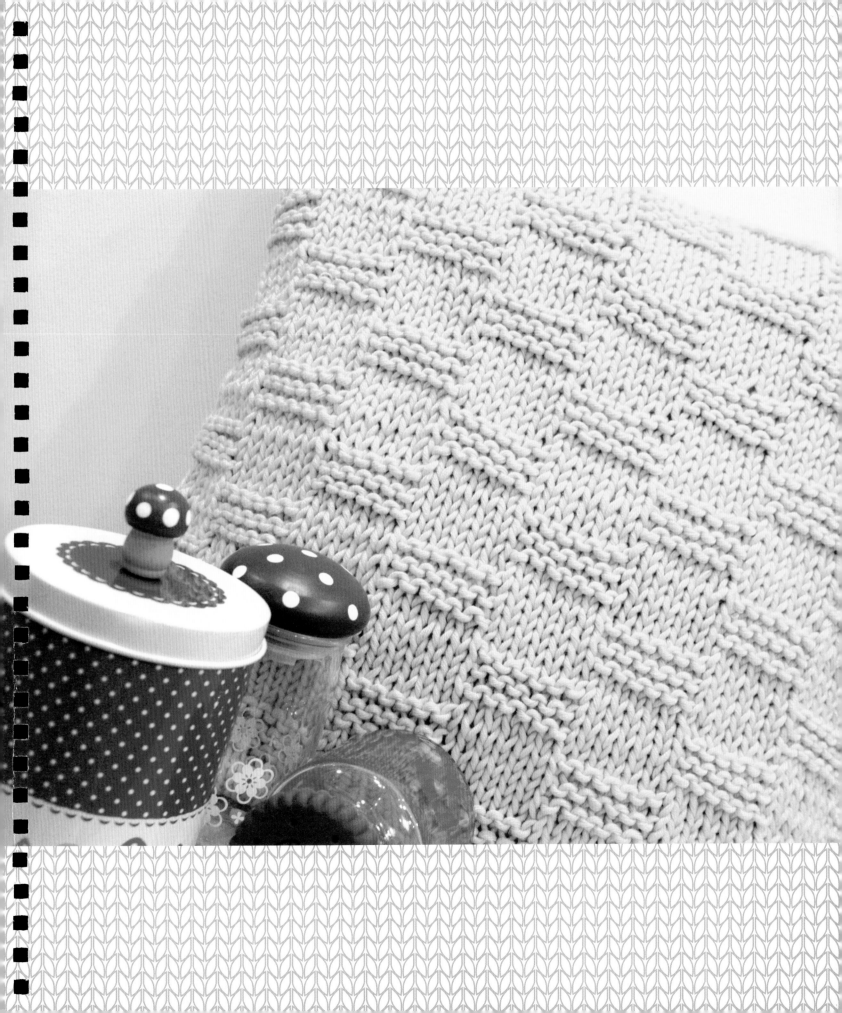

# COJÍN de trapillo

## DIFICULTAD
Intermedia

## TALLA
Única

## MATERIALES

- 1 ovillo de trapillo de 1 kg. a ser posible con algo de *lycra*
- Agujas de tejer de 15 mm
- Aguja lanera
- Cremallera de 45 cm
- Aguja auxiliar de doble punta
- Relleno para cojín de 45 x 45 cm

## MUESTRA

8 puntos x 13 vueltas a punto liso = 10 x 10 cm

## PUNTOS UTILIZADOS

*(ver Galería de puntos, p. 32)*

- **Punto liso o jersey derecho**
- **Para los ochos:** Trabajamos 8 vueltas a punto liso. En la vuelta n.º 9 cogemos 4 puntos en la aguja auxiliar y los dejamos en espera por delante de la labor. Tejemos del derecho los 4 puntos siguientes. Tejemos del derecho los 4 puntos que están en la aguja auxiliar. Tejemos la siguiente vuelta como se presenta (todos los puntos del revés). Repetimos estas 10 vueltas hasta terminar la labor (ver gráfico).

## MEDIDAS ORIENTATIVAS

**Pieza terminada:**
45 cm de ancho x 90 cm de largo

## INSTRUCCIONES

Montamos 40 puntos en las agujas de 15 mm. Tejemos una pieza de 90 cm de largo según la siguiente disposición: 8 puntos a punto liso-8 puntos para el ocho-8 puntos a punto liso-8 puntos para el ocho-8 puntos a punto liso.

Al llegar a 90 cm del total cerramos todos los puntos.

## MONTAJE

Doblamos la pieza por la mitad y cosemos los laterales.

Cosemos a mano la cremallera en un lateral y metemos el relleno.

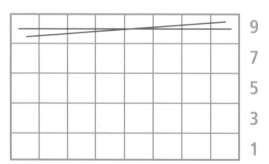

| | | | | | | |
|---|---|---|---|---|---|---|
| | | | | | | 9 |
| | | | | | | 7 |
| | | | | | | 5 |
| | | | | | | 3 |
| | | | | | | 1 |

*Cogemos en la aguja auxiliar 4 puntos y los dejamos en espera por delante de la labor. Tejemos del derecho los 4 puntos siguientes. Tejemos del derecho los 4 puntos que están en la aguja auxiliar*

☐ *Punto del derecho*

*En este gráfico se muestran las vueltas impares. En las vueltas pares trabajamos todos los puntos del revés.*

# BOLSO con bodoques

## DIFICULTAD

Difícil

## TALLA

Única

## MATERIALES

- 3 ovillos de lana de la calidad Reggae Tweed de Schoppel color Natural (ovillos de 50 g = 100 m. 100% lana virgen. para agujas de 5-6 mm)
- Agujas de tejer de 6 mm
- Boquilla metálica de varilla de 25 cm de embocadura
- Cadena

## PUNTOS UTILIZADOS

(ver Galería de puntos, p. 32)

- **Punto liso o jersey derecho**
- **Punto fantasía** (ver gráfico)
- **Bodoques de 5 puntos:** En un único punto trabajamos de la siguiente manera: hacemos 1 punto del derecho sin sacarlo de la aguja izquierda, echamos hebra, trabajamos otro punto del derecho en el mismo punto también sin sacarlo, echamos hebra y trabajamos otro punto del derecho sacándolo ya de la aguja izquierda. Nos quedan 5 puntos.

Trabajamos 1 vuelta del revés y 1 del derecho sobre esos 5 puntos

Trabajamos 2 puntos juntos del revés, 1 punto del derecho y 2 puntos juntos del revés. Nos quedan 3 puntos.

Pasamos 2 puntos sin hacer, hacemos 1 punto del derecho y pasamos por encima los 2 puntos que hemos pasado sin hacer para cerrarlos. Nos queda 1 punto.

## MUESTRA

16 puntos x 22 vueltas a punto bobo = 10 x 10 cm

## MEDIDAS ORIENTATIVAS

El bolso ya cosido mide en total 35 cm de ancho por 24 cm de largo.

## INSTRUCCIONES

El bolso se compone de 4 partes:

### Parte delantera

Montamos 57 puntos. Trabajamos 23 cm siguiendo el gráfico. Cerramos todos los puntos.

### Parte trasera

Montamos 57 puntos y trabajamos 23 cm a punto liso o jersey derecho. Cerramos todos los puntos.

### Lomo

Una sola pieza para los dos laterales y la base. Montamos 17 puntos. Trabajamos 74 cm a punto liso o jersey derecho. Cerramos todos los puntos.

### Borde superior

Montamos 8 puntos. Trabajamos 70 cm a punto liso. Cerramos todos los puntos.

### MONTAJE

Cosemos un lateral del lomo a la parte delantera del bolso. Cosemos el otro lateral a la parte trasera.

A continuación cosemos la tira del borde que hemos hecho a todo el perímetro superior del bolso. Doblamos la tira por la mitad hacia el interior y cosemos el extremo por todo el perímetro.

Nos ha quedado una forma tubular, por la que introducimos las varillas de la boquilla y las unimos a esta. Colocamos la cadena.

● Trabajamos del revés por el derecho de la labor
y del derecho por el revés de la labor

● Bodoque de 5 puntos

◻ 2 puntos juntos del derecho

◻ 2 puntos juntos del revés

● Levantamos la hebra entre 2 puntos (aumento) y trabajamos
el punto del revés cogiendo la hebra de atrás

*En este gráfico figuran tanto las vueltas pares como las vueltas impares.*

# Las AUTORAS

## Virginia Pampliega

Es madrileña y se licenció en Gestión Comercial y Marketing en ESIC, pero siempre ha estado unida al mundo de la costura y el tricot a través de su madre. Poco a poco empezó a diseñar y a hacer sus prendas y complementos, hasta que un día dio el salto y montó *Vabim*, donde empezó a impartir talleres y a vender sus creaciones.

## Marian García

Licenciada en Ciencias Ambientales, es salmantina, pero reside en Madrid desde hace casi diez años. Desde pequeña ya jugaba con telas y, gracias a su madre, aprendió a coser y bordar. Poco a poco su *hobbie* se convirtió en su forma de vida y creó su marca de ropa y complementos *Living the crafts*.

En 2011 ambas abrieron la tienda **Sweet Sixteen Craft Store** en Madrid, donde se puede encontrar material para realizar todo tipo de labores relacionadas con las lanas y las telas. Además, tienen un espacio para talleres donde enseñan punto, ganchillo y costura para que cada uno pueda crear sus propias prendas y complementos.

# *Nutrition*
## *A Culinary Approach Workbook*

**Mary Anne Eaton**
**Janet Rouslin**
**Patricia Blenkiron**
**Johnson & Wales University**

Edited by
**Bradley Ware**
and
**Claudette Lévesque Ware**
**Johnson & Wales University**

**KENDALL/HUNT PUBLISHING COMPANY**
4050 Westmark Drive     Dubuque, Iowa 52002

# Contents

# Nutrition: A Culinary Approach
# Introduction to Workbook Activities

This workbook is designed to enhance both scientific nutrition knowledge and healthy menu planning. The content includes exercises and nutrition evaluation activities. The material varies in difficulty and may be used in the classroom or assigned as out-of-class work. Some exercises lend themselves to individual work, while others are more extensive and can be used either for group work or as projects. The workbook may also be used to introduce new material. For example, each crossword puzzle activity can be used as a tool to introduce a new chapter. The workbook activities can also serve as a review in preparation for tests or exams.

The authors hope that you will find this workbook beneficial in increasing students' understanding of nutrition and the relationship of this discipline to the culinary arts.

# Chapter *1* Exploring Nutrition

## Across

3. The consumption of a nutrient less than what the body requires

5. The external measurements of body composition and development

7. Substances that make up food

8. A food that is high in calories yet low in nutrients

9. Why people become hungry and thirsty

## Down

1. A substance that contains carbon.

2. Non-nutrient in plants with weak biological activity in the body

4. A measurement of heat energy

6. The sum of all foods and fluids consumed

Source: www.varietygames.com

# ❖DETERMINING THE CALORIC CONTENT OF FOOD

Refer to Table 1.1, textbook page 3, for the number of calories that each nutrient yields per gram. Determine the caloric value for the following foods:

| Food | CHO | Protein | Fat | Total Calories |
|---|---|---|---|---|
| Example: 1 medium Apple | 15 grams 15 × 4 = 60 calories | 1 gram 1 × 4 = 4 calories | 0 grams | 60 + 4 = 64 calories |
| 2 slices of wheat bread | 30 grams | 4 grams | 1 gram | |
| 2 oz. of grilled chicken | 0 grams | 14 grams | 5 grams | |
| 2 chocolate chip cookies | 20 grams | 3 grams | 8 grams | |
| 8 oz. whole milk | 12 grams | 8 grams | 10 grams | |
| 1/2 cup carrot sticks | 5 grams | 2 grams | 0 grams | |

## ❖DETERMINING THE PERCENTAGE OF CALORIES FROM ENERGY-YIELDING NUTRIENTS

A meal contains the following:

    25 grams of Protein

    15 grams of Fat

    65 grams of Carbohydrate

### Determine the total calories in the meal:

    25 grams of Protein $\times$ 4       = _____

    15 grams of Fat $\times$ 9         = _____

    65 grams of Carbohydrate $\times$ 4 = _____

    Total calories of the meal: Protein + Fat + Carbohydrate = _____

### Determine the following percentage of calories from:

### Protein

    _____ calories from Protein

    _____ total meal calories

Percentage of calories from Protein:

Calories from Protein

Total meal calories __ $\times$ 100 = _____ percentage of calories from Protein

### Carbohydrate

    _____ calories from Carbohydrate

    _____total meal calories

Percentage of calories from Carbohydrate:

Calories from Carbohydrate

Total meal calories __     $\times$ 100 = _____ percentage of calories from Carbohydrate

### Fat

    _____ calories from Fat

    _____ total meal calories

Percentage of calories from Fat:

Calories from Fat

Total meal calories __ $\times$ 100 = _____ Percentage of calories from Fat

# ❖PSYCHOLOGICAL AND SOCIOLOGICAL EFFECTS OF FOOD CHOICES

Complete the following table based on your food intake.

| Meal | Food Choice | Reason |
|------|-------------|--------|
| Breakfast | | |
| Lunch | | |
| Supper | | |
| Snacks | | |

# ❖INDIVIDUAL ASSESSMENT OF NUTRITIONAL STATUS

You are gathering nutrition information on a friend. Using the Nutrition Assessment Methods described in Chapter 1, fill in the information in each of these sections.

## A: Anthropometrics

Height

Weight

Ideal Body Weight

Body Mass Index

## B: Biochemical (Laboratory Tests)

## C: Clinical Methods

Health History

Medication History

Socioeconomic Background

Diet History

## D: Dietary Methods

Do a 24-hour food recall with the person you are interviewing that includes everything he/she ate and drank in the previous 24 hours.

Breakfast

Lunch

Supper

## ◆NUTRITION SURVEY

### Directions:

1. Set up a nutrition survey for a small group.
2. Determine the information/objective that you would like to uncover.
3. Write a series of five questions and distribute them to 10 students.
4. Gather the results and draw a conclusion.

### Objective:

### Questions:

1.

2.

3.

4.

5.

### Results:

### Conclusion: (Summarize in one sentence)

## ❖ INITIAL SELF-DIET ANALYSIS

**1.** Describe your current eating habits. (*Foods, frequency, etc.*)

**2.** Give your opinion as to the nutritional adequacy of your diet. (*ie: Are you obtaining all the nutrients you need to maintain optimal health?*)
Support and explain your choice of diet.

**3.** Do you have any special dietary or nutritional needs? List and describe them.

## ❖FOOD DIARY/FOOD RECORD

Record the time at which you consumed a food or beverage. List the food or beverage and the brand name (if available). State how the item was prepared and the amount that you consumed. Then, record where you were and what you were doing at the time. *Do not forget to include all fats used in the method of preparation, and all condiments used (including salt).

| Time | Food/Beverage | How Prepared | Amount | Place/Activity |
|------|---------------|--------------|--------|----------------|
| Day 1 | | | | |
| | | | | |
| | | | | |
| | | | | |
| | | | | |
| | | | | |
| | | | | |
| | | | | |
| | | | | |
| | | | | |
| | | | | |
| | | | | |
| Day 2 | | | | |
| | | | | |
| | | | | |
| | | | | |
| | | | | |
| | | | | |
| | | | | |
| | | | | |
| | | | | |
| | | | | |
| | | | | |

| Time | Food/Beverage | How Prepared | Amount | Place/Activity |
|------|---------------|--------------|--------|----------------|
| Day 3 | | | | |
| | | | | |
| | | | | |
| | | | | |
| | | | | |
| | | | | |
| | | | | |
| | | | | |
| | | | | |
| | | | | |
| | | | | |
| Day 4 | | | | |
| | | | | |
| | | | | |
| | | | | |
| | | | | |
| | | | | |
| | | | | |
| | | | | |
| | | | | |
| | | | | |

# Chapter 2 Dietary Standards

## Across

1. Standards that outline the dietary nutrient intakes for healthy individuals in the U.S. and Canada

4. Reflect the percentages of calories that should be consumed from each energy-yielding nutrient

5. Provides information on certain nutrients in a product

6. The system designed by the American Diabetes Association and the American Dietetic Association

7. Suggested upper limit of intake for nutrients that may be toxic at excessive levels

8. A tool used to assist public and health professionals in meeting dietary guidelines

## Down

1. Developed by the USDA to convert nutrients into general recommendations about foods that should be consumed and/or avoided

2. Developed by the USDA to make good food choices

3. Nutrient intake goals for healthy individuals derived from Estimated Average Intakes—Insufficient scientific evidence to set RDA

Source: www.varietygames.com

# ❖NUTRITION LABEL INFORMATION

The new Nutrition Facts label makes it easier for people to know what is in the food they eat. Comparing these labels will help you to know which foods have lower fat or fewer calories, which foods make healthy snacks, and which are acceptable for special diets. As a parent, use the new label to make informed food choices that will benefit your entire family.

**Nutrition Facts**
This is the new label heading.

**Calories**
Allows you to compare the calorie content per serving. When comparing similar foods be sure to check that the serving sizes are the same.

**Nutrition Panel**
The nutrients required to appear on the nutrition panel are those most important to the health of people today, most of whom need to worry about getting too much of certain items (fat, for example), rather than too few vitamins or minerals, as in the past.

**Serving Size Information**
Serving sizes are given in both household and metric measures, and reflect the amounts people actually eat.

**% Daily Value**
Shows how a food in the specified amount fits into the overall daily diet.

**Reference Values**
This section helps you learn good diet basics. These figures can be adjusted depending on a person's calories needs.

**Conversion Guide**
Reveals the calorie value of the energy-producing nutrients.

## Nutrition Facts

Serving Size 1 cup (228g)
Servings Per Container 2

Amount Per Serving

Calories 260        Calories from fat 120

% Daily Value*

| | |
|---|---|
| Total Fat 13g | 20% |
| Saturated Fat 5g | 25% |
| Cholesterol 30mg | 10% |
| Sodium 660mg | 28% |
| Total Carbohydrate 31g | 10% |
| Dietary Fiber  0g | 0% |
| Sugars  5g | |
| Protein  5g | |

| | | |
|---|---|---|
| Vitamin A 4% | • | Vitamin C 2% |
| Calcium 15% | • | Iron 4% |

* Percent Daily Values are based on a 2,000 calorie diet. Your daily value may be higher or lower depending on your calorie needs:

| | | Calories: | 2,000 | 2,500 |
|---|---|---|---|---|
| Total Fat | Less than | | 65g | 80g |
| Sat Fat | Less than | | 20g | 25g |
| Cholesterol | Less than | | 300mg | 300mg |
| Sodium | Less than | | 2,400mg | 2,400mg |
| Total Carbohydrate | | | 300g | 375g |
| Dietary Fiber | | | 25g | 30g |

Calories per gram:
Fat 9   *   Carbohydrate   4   *   Protein  4

Source: www.fns.usda.gov

# ❖LABEL DICTIONARY

Nutrient content claims are defined for one serving as are the Nutrition Facts. For example, a high-fiber cereal has 5 or more grams of fiber *per serving*.

| **Nutrient Content Claim** | **Definition** (*per serving*) |
|---|---|
| **Calories** | |
| Calorie free | less than 5 calories |
| Low calorie | 40 calories or less |
| Reduced or fewer calories | at least 25% fewer calories* |
| Light or lite | one-third fewer calories or 50% less fat* |
| **Sugar** | |
| Sugar free | less than 0.5 gram sugars |
| Reduced sugar or less sugar | at least 25% less sugars* |
| No added sugar | no sugars added during processing or packing, including ingredients that contain sugars, such as juice or dry fruit |
| **Fat** | |
| Fat free | less than 0.5 gram fat |
| Low fat | 3 grams or less of fat |
| Reduced or less fat | at least 25% less fat* |
| Light | one-third fewer calories or 50% less fat* |
| **Saturated Fat** | |
| Saturated fat free | less than 0.5 gram saturated fat |
| Low saturated fat | 1 gram or less saturated fat & no more than 15% of calories form saturated fat |
| Reduced or less saturated fat | at least 25% less saturated fat* |
| **Cholesterol** | |
| Cholesterol free | less than 2 milligrams cholesterol and 2 grams or less of saturated fat |
| Low cholesterol | 10 milligrams or less cholesterol and 2 grams or less of saturated fat |
| Reduced or less cholesterol | at least 25% less cholesterol* and 2 grams or less saturated fat |
| **Sodium** | |
| Sodium free | less than 5 milligrams sodium |
| Very low sodium | 35 milligrams or less sodium |
| Low sodium | 140 milligrams or less sodium |
| Reduced or less sodium | at least 25% less sodium* |
| Light in sodium | 50% less* |

_____

\*    as compared with a standard serving size of the traditional food

\*\* on meat, poultry, seafood and game meats

**Fiber**

| | |
|---|---|
| High fiber | 5 grams or more |
| Good source of fiber | 2.5 to 4.9 grams |
| More or added fiber | at least 2.5 grams more* |

**Other Claims**

| | |
|---|---|
| High, rich in, excellent source of | 20% or more of Daily Value* |
| Good source, contains, provides | 10% to 19% of Daily Value* |
| More, enriched, fortified, added | 10% or more of Daily Value* |
| Lean** | less than 10 grams fat, 4.5 grams or less saturated fat and 95 milligrams cholesterol |
| Extra lean** | less than 5 grams fat, 2 grams saturated fat and 95 milligrams cholesterol |

---

\* as compared with a standard serving size of the traditional food

\** on meat, poultry, seafood and game meats

# ❖PORTION SIZE TABLE

| Food | Serving Size | Comparison Size |
|------|--------------|-----------------|
| Apple, orange, pear | 1 | A baseball |
| Canned or fresh fruit | 1 cup | A baseball |
| Dried fruit, i.e., cranberries | 1/4 cup | A golf ball |
| Lettuce | 1 cup | 4 leaves |
| Meat, poultry, etc. | 3 ounces | A deck of cards |
| Bagel | 1.5 ounce | A hockey puck |
| Ice cream | 1 cup | A tennis ball |
| Pancake | 1 | A tea saucer |
| Cooked pasta | 1/2 cup | A fist |
| Chips, pretzels, etc. | 1 ounce | A racquetball |
| Peanut butter | 1 teaspoon | 2 bottle caps |

Can you think of comparable comparisons for the following?

| Food | Serving Size | Comparison Size |
|------|--------------|-----------------|
| Potato | Medium | |
| Cooked vegetables | 1 cup | |
| Pita bread | 1 | |
| Brownie | 1 | |
| Whipped cream | 2 tablespoons | |

# ❖NUTRITION FACTS LABEL ACTIVITY

On the table below copy information from the Nutrition Facts Panel for the two food products distributed.

| Nutrition Facts | Product | Product |
|---|---|---|
| Serving size | | |
| Servings per container | | |
| Calories | | |
| Calories from fat | | |
| Total fat | | |
| Saturated Fat | | |
| Trans fat | | |
| Cholesterol | | |
| Sodium | | |
| Total carbohydrate | | |
| Dietary fiber | | |
| Sugars | | |
| Protein | | |
| Vitamin A | | |
| Vitamin C | | |
| Calcium | | |
| Iron | | |

Determine the product that is best overall from a nutritional standpoint. Justify your answer.

## ❖FOOD GUIDE PYRAMID ACTIVITY

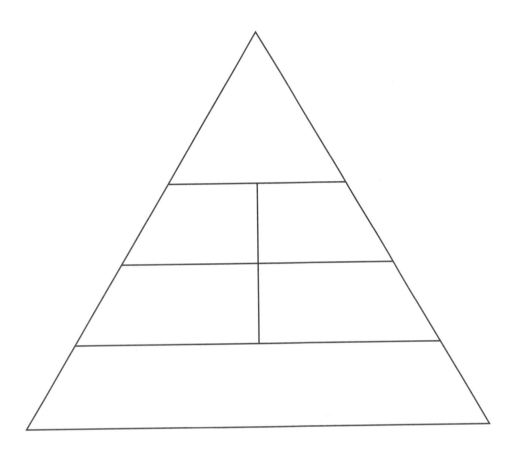

1. Label the food groups from the USDA Food Guide Pyramid in the appropriate boxes.
2. Include the recommended number of servings/day.
3. Write the sample serving size recommended for each group.
4. From your food record, write in parentheses an estimate of the number of servings that **YOU** consume daily from each of the groups.

# ❖NUMBER OF SERVINGS TO MEET THE FOOD GUIDE PYRAMID RECOMMENDATIONS

| Food Group | Older Adults, Sedentary Women 1600 kcal approximately | Children, Teenage Girls, Sedentary Men 2000 kcal approximately | Active Men 2800 kcal approximately |
|---|---|---|---|
| Breads, cereals, rice and pasta | 6 | 9 | 11 |
| Vegetables | 3 | 4 | 5 |
| Fruit | 2 | 3 | 4 |
| Milk, yogurt and cheese | 2-3 | 2-3 | 2-3 |
| Meat, poultry, fish, dry beans, eggs, and nuts | 2 (5 oz. total) | 2 (6 oz. total) | 3 (7 oz. total) |
| Total added fat | 1 1/2 Tbsp. | 2 Tbsp. | 3 Tbsp. |
| Added sugar | 1 Tbsp. | 2 Tbsp. | 3 Tbsp. |

# ❖"Pyramid Café" Activity: Using the Food Guide Pyramid to Plan Menus

## The Pyramid Café

I. You are a chef who wants to open a branch of a new chain of restaurants to be known as the Pyramid Café. With other members of your group, prepare sample breakfast, lunch, and dinner menus using the food guide pyramid. (Select an Executive Chef to lead the group).

   A. Decide on the number of servings from each food group that you will use based on one of the Food Guide Pyramid calorie levels. Use these spaces to list total calories per day _____; tablespoons of fat_____; tablespoons of sugar _____.

   B. Distribute the servings for your calorie level among these three meals using the information on pages 37 and 39 of the workbook.

   C. Plan the menus for each meal using the number of servings you have assigned to that meal. **Use the appropriate serving size for each of the servings.** Refer to Chapter 2 in the textbook for this information. (Divide your group into sub teams and have one team plan breakfast, another plan lunch, and a third plan dinner.)

   D. Before you begin the menu development, compare the number of servings you have assigned to each meal and the total number of servings from each food group appropriate for your calorie level.

**Note:** Each chef should give his/her work to the Executive Chef for submission to the professor.

**Kcal level for the day:** _____

| Breakfast | | | |
|---|---|---|---|
| **Servings    (Final check on your menu)** | | | |
| **Food Group** | **# of Servings** | **Food(s)** | **Amount of Food(s)** |
| Grains | | | |
| Vegetables | | | |
| Fruit | | | |
| Meat | | | |
| Dairy | | | |
| Fats/Sugar/Alcohol | | | |

**Breakfast Menu:** List the appropriate serving sizes for all items. Also list ingredients added such as oil, butter, sugar, condiments, etc.

| Lunch | | | |
|---|---|---|---|
| **Servings    (Final check on your menu)** | | | |
| **Food Group** | **# of Servings** | **Food(s)** | **Amount of Food(s)** |
| Grains | | | |
| Vegetables | | | |
| Fruit | | | |
| Meat | | | |
| Dairy | | | |
| Fats/Sugar/Alcohol | | | |

**Lunch Menu:** List the appropriate serving sizes for all items. Also include ingredients added such as oil, butter, sugar, condiments, etc.

## ❖USING THE FOOD GUIDE PYRAMID TO PLAN MENUS

| Dinner | | | |
|---|---|---|---|
| **Servings   (Final check on your menu)** | | | |
| **Food Group** | **# of Servings** | **Food(s)** | **Amount of Food(s)** |
| Grains | | | |
| Vegetables | | | |
| Fruit | | | |
| Meat | | | |
| Dairy | | | |
| Fats/Sugar/Alcohol | | | |

**Dinner Menu:** List the appropriate serving sizes for all items.  Also include ingredients added such as oil, butter, sugar, condiments, etc.

**Personal Evaluation:** Identify any new information that you have learned about the Food Guide Pyramid from this assignment.

List questions that you have about the Food Guide Pyramid and/or information about the use of this tool that may be unclear to you.

Reflecting on this assignment, list reasons that might support your being selected as a Pyramid Café franchisee when this restaurant is established.

Or, list any reasons why you would not pursue such a business opportunity.

# Chapter *3* Sensory Evaluation Terminology

## Across

3. A "fifth" sense generated by free glutamates

5. Having to do with the nose

7. A person who has a large quantity of taste buds

9. The protective covering of the eye that contains the sclera and cornea

10. Involves the use of instruments and measurements in testing

## Down

1. Small bumps located on the tongue's surface that house the taste buds

2. Odors from food are in this form

4. Part of the eye involved with absorbing light and focusing the image

6. Involves the use of the senses in testing

8. Innermost part of the eye containing the rods and the cones

Source: www.varietygames.com

# ❖SUBJECTIVE VS OBJECTIVE TESTING

## Define Subjective Testing

List its <u>Strengths</u>   and                              <u>Weaknesses</u>

Give examples:

## Define Objective Testing

List its <u>Strengths</u>   and                              <u>Weaknesses</u>

Give examples:

## You Must Prepare the Following Meal

- A medium tenderloin steak well done
- Mushroom garlic sauce
- Roasted red bliss potatoes
- Green beans almandine al dente

**Describe how you would evaluate each item using subjective testing.**

**Describe how you would evaluate each item using objective testing with what is available to you in the normal kitchen.**

## ❖SENSORY EVALUATION OF FOOD ACTIVITY 1

**1.** After receiving the food sample distributed to you record your first emotional impression of that food.

**2.** Perform a sensory evaluation of this product using the following criteria:

### Appearance/Color

—Sight—Use references to at least three parts of the eye

### Aroma

—Smell—Use references to at least three parts of the olfactory system

### Flavor/Taste/Texture

—Taste—Use references to three components of your "tasting system"

**3.** Write a brief personal reflection about this product.

# ❖SENSORY EVALUATION OF FOOD ACTIVITY 2

Obtain a food item from your instructor. Record the sensory characteristics of that food on the chart below and the role of the sensory organ. Describe the food to the person next to you. Is he/she able to identify that food? How could you have better described it?

| Sense | Description | Role of Sensory Organ |
|---|---|---|
| Sight | | |
| Aroma | | |
| Sound | | |
| Texture | | |
| Taste | | |
| Personal Reflection | | |

# ❖Sensory Characteristics of Food

Pick three food items from Table 3.1 in your text. Design a recipe for each and describe the sensory characteristics and nutritional benefits that they contribute to the dish.

## Item 1

- Ingredients

- MOP

- Sensory characteristics

- Nutritional characteristics

## Item 2

- Ingredients

- MOP

- Sensory characteristics

- Nutritional characteristics

## Item 3

- Ingredients

- MOP

- Sensory characteristics

- Nutritional characteristics

# ❖TRIGEMINAL EFFECT ACTIVITY

Explain the trigeminal effect.


List five foods that would trigger the trigeminal nerve.

1.

2.

3.

4.

5.


Using the food samples that you were given, describe the sensations that you feel in each of the following categories.

| Trigeminal effect | Product: | Product: |
|---|---|---|
| Pain | | |
| Pressure | | |
| Temperature | | |

Which product elicits the strongest impact on these nerves?

## ❖FOOD PREFERENCES ACTIVITY

Define the following:

Flavor Adaptation

Innate Preference

Learned Preference

In the boxes below list foods that you currently consume that you did not previously like or would not consume as a child. Give factors that contributed to your changes in preference.

| Food you consume NOW but did not as a child | Reason for preference change |
|---|---|
| | |
| | |
| | |
| | |

# Chapter 4 Identification of the Types of Carbohydrates

## Across

1. A condition characterized by abnormally low fasting blood glucose

3. A hormone that signals the body to take glucose from the blood

8. A disaccharide found in dairy products

9. A sweetener that can provide the body with energy

10. A chronic disease of abnormal carbohydrate metabolism

## Down

2. Long chains of glucose molecules, also known as a complex carbohydrate

4. The type of fiber found in oatmeal that may lower blood cholesterol levels

5. A hormone produced by the pancreas that stimulates the liver to store glycogen

6. The storage form of carbohydrates in animals

7. An indigestible form of carbohydrate

Source: www.varietygames.com

## ❖CARBOHYDRATE SOURCES ACTIVITY

Using your Food Record Spreadsheet locate the five highest sources of carbohydrates in your diet.

Determine the amount of fiber in these sources, and list whether they are simple or complex carbohydrates.

| Food | Carbohydrate (grams) | Fiber (grams) | Simple | Complex |
|---|---|---|---|---|
|  |  |  |  |  |
|  |  |  |  |  |
|  |  |  |  |  |
|  |  |  |  |  |
|  |  |  |  |  |
| **Total grams** |  |  |  |  |

**Determine the percentage of your total calories from carbohydrate.**

$$\frac{\text{Total grams of carbohydrate} \times 4 \text{ kcal/gram}}{\text{Total calories consumed}} \times 100 = \underline{\hspace{1cm}} \text{ carbohydrate \%}$$

**Determine the percentage of your total calories from simple carbohydrate.**

$$\frac{\text{Total grams of simple carbohydrate} \times 4 \text{ kcal/gram}}{\text{Total calories consumed}} \times 100 = \underline{\hspace{1cm}} \text{ carbohydrate \%}$$

**Determine the percentage of your total calories from complex carbohydrate.**

$$\frac{\text{Total grams of complex carbohydrate} \times 4 \text{ kcal/gram}}{\text{Total calories consumed}} \times 100 = \underline{\hspace{1cm}} \text{ carbohydrate \%}$$

## ❖GLYCEMIC INDEX ACTIVITY

1. Define Glycemic Index.


2. Using Chapter 4, Chapter 10, (Table 10.10 Examples of Foods with Moderate and Low Glycemic Index), and Appendix E (Exchange Lists for Meal Planning) as references, list three foods that are HIGH in Glycemic Index, and three foods that are LOW in Glycemic Index.

| High | Low |
| --- | --- |
| 1. | 1. |
| 2. | 2. |
| 3. | 3. |

3. Plan a one day Menu for a someone with mild Diabetes, focusing on foods with a Low and Moderate Glycemic Index.

### Breakfast

2 Starches

1 Fruit

1 Milk

### Lunch

2 Starches

1 Fruit

3 Meat (no Glycemic Index)

1 Vegetable

### Supper/Dinner

3 Starches

1 Fruit

3 Meat (no Glycemic Index)

1 Vegetable

# ❖GLYCEMIC LOAD ACTIVITY

Glycemic Load takes into consideration the amount of carbohydrate as well as the Glycemic Index.

Glycemic Load = Glycemic Index of the Food Item × the number of grams of carbohydrate in the food.

(Grams of Carbohydrates can be found in the Food Composition Tables in Appendix B of your textbook)

Calculate the Glycemic Load for the following foods:

| Food | Amount | Glycemic Index | Grams of CHO | Glycemic Load |
|------|--------|----------------|--------------|---------------|
| Carrots | 1/2 cup | | | |
| Raisins | 1/4 cup | | | |
| Pasta | 1/2 cup | | | |
| Chocolate Cookie Bar | 1 | | | |

# ❖DIABETIC FOOD EXCHANGE SYSTEM ACTIVITY

| | |
|---|---|
| 2 slices wheat bread | 1 small tomato, sliced |
| 2 ounces turkey breast | 1 medium apple |
| 1 tablespoon mayonnaise | 8 oz. low fat milk |
| 2 lettuce leaves | |

1. Using the meal above, place the food item where it belongs in column b based on the corresponding food group listed in (a).
2. Using the information in Appendix D, list the number of exchanges in (c) for each of the food items.
3. Referring to Appendix E, calculate the CHO (d), Protein (e), and the Fat (f) for each item.
4. Calculate the Total grams of CHO, Pro, and Fat (g) in the meal.
5. Calculate the Caloric content of the nutrients (h) using the appropriate factor.
6. Total the sum of calories is the meal (i).

| Food Group (a) | Food Item (b) | # Exch (c) | CHO Grams (d) | Pro Grams (e) | Fat Grams (f) | |
|---|---|---|---|---|---|---|
| Starch | | | | | | |
| Fruit | | | | | | |
| Milk | | | | | | |
| Vegetables | | | | | | |
| Very Low Fat Meat | | | | | | |
| Low Fat Meat | | | | | | |
| Medium Fat Meat | | | | | | |
| High Fat Meat | | | | | | |
| Fat | | | | | | |
| Total Grams (g) | | | grams | grams | grams | |
| | | | x____ | x____ | x____ | |
| Total kcal (h) | | | | | | = (i) |

# ❖CASE STUDY FOR DIABETES

Problem: An obese child is seen by the doctor with symptoms of excessive thirst and urination, and increased episodes of lethargy.

1. Possible cause:

2. Recommended treatment:

3. Plan a one day meal plan for this child.

   Breakfast:

   Lunch:

   Supper/Dinner:

   Snacks:

## ❖SALLY'S DIET DIARY

### Word Bank
Some words may be used twice.

| | |
|---|---|
| Barley | Blood sugar |
| Cornmeal | Fat (used twice) |
| GI (glycemic index) | Glucagon |
| Glucose (used twice) | Glycemic |
| Glycogen (used twice) | Hyperglycemia |
| Hypoglycemia | Insulin (used twice) |
| Long-term | Low glycemic |
| Oatmeal | Moderate |
| Orange juice | Oats |
| Whole wheat flour | Protein |
| | Whole wheat toast |

**Sally keeps a "diet diary" that records what she eats and her thoughts on her efforts at weight loss. She is currently enrolled in an introductory nutrition course and hopes to use what she learns to help her control her weight.**

**Use the words in the bank to complete this sample entry from Sally's diet diary.**

Today we learned more about CHO and I now see how it can influence weight control. As I look at my food record I see that the sources of carbohydrate in my record come from a white flour bagel, jam for my bagel, a 12 oz. bottle of juice, coffee with sugar, white flour rolls, white bread, cookies, fruit, vegetables, low fat milk, and Frosted Flakes cereal.

My pancreas must be producing a lot of _____ when I eat these mega CHO foods so that I will not have _____ (a high level of sugar in my blood) for very long. Too much of this hormone can lower my blood sugar below the normal level (a state of _____). When this happens, the pancreas will produce _____ to raise the blood sugar.

It's interesting that my body uses CHO in three ways:

1. _____ (now)
2. _____ (short term storage)
3. _____ (long term storage)

Because I want to lose weight, I've been thinking that I should eliminate all the CHO on my food record. But, I also know that if I do not eat any CHO, I will have to use up all the _____ that I have stored in my liver and muscles. If this happens I will have glucose for a while and I will then have to go into a state of gluconeogenesis to make _____ from the non-CHO sources of _____ and _____.

Maybe I should consider changing the kind of CHO that I consume instead of eliminating it. If I use the _____ Index as a guide, I will chose grains such as _____, _____, _____, and _____. These foods have moderate or low _____ levels and will replace most of the white flour and high sugar snacks and sweets that I've been eating. This will mean that I will not produce as much _____ to lower my _____ _____. This can be beneficial because I won't be hungry as quickly and I may be less likely to consume too many calories.

If I use this information to make better food choices and to eat moderate amounts throughout the day instead of just two regular meals, I will consume less calories and will not store as many as fat for _____ _____ storage.

If I change my CHO choices to _____ and _____ _____ Index foods, my new breakfast could include:

**Food**                                    **Amount\***

_____          _____

_____          _____

_____          _____

_____

\*(Equal to 1–3 servings depending on Sally's calorie needs)

# ❖WHEN NUTRITION CAN MEAN LIFE OR DEATH: CHO AND GLUCOSE CONTROL

1. Define the term gluconeogenesis.

2. Describe how this happens in a healthy person who is on a low CHO diet or one who is stranded on Mt. Washington with no food for several days.

3. Select one of the following individuals with a glucose/blood sugar control problem.

   —A young man of 18 with Type I diabetes
   —An older woman of 55 with Type II diabetes
   —A young woman of 24 with hypoglycemia

4. Describe how blood sugar is being controlled in the subject you have selected.

5. What are the short and long term results of the situation you are analyzing?

   —Short term:

   —Long term:

## ❖DEVELOPING MENUS WITH GRAINS ACTIVITY

With your partner, develop three dinner meals for a restaurant that contain grains found in Table 4.5, textbook page 61.

### Meal 1

Appetizer

Entrée

Starch

Vegetable

### Meal 2

Appetizer

Entrée

Starch

Vegetable

### Meal 3

Appetizer

Entrée

Starch

Vegetable

# Chapter 5 Lipid Identification

## Across

4. A disease affecting both the heart and blood vessels

5. A class of lipid that includes cholesterol

6. The type of fatty acid associated with the development of heart disease

7. A process that adds hydrogen to unsaturated fats to make them more stable and more solid

8. The most common lipid in both our food supply and our bodies

9. Helps to transport dietary lipids through the body

10. Contains two or more double bonds

## Down

1. Contains single bonds and is solid at room temperature

2. Contains only one double bond

3. Acts as an emulsifier

Source: www.varietygames.com

## ❖RATE YOUR FAT HABITS ACTIVITY

Circle the answer that best corresponds to your usual eating habits. Then tally your score to see how your fat intake rates.

| Do you . . . | Rarely | Sometimes | Often |
|---|---|---|---|
| 1. Usually drink skim or 1% milk | 0 | 5 | 10 |
| 2. Add butter, margarine or oil to bread, potatoes or vegetables | 10 | 5 | 0 |
| 3. Use nonstick pans or cooking sprays instead of oil or solid fat | 0 | 5 | 10 |
| 4. Snack on chips, cracker, cookies, peanuts or nuts | 10 | 5 | 0 |
| 5. Use more than a tablespoon of regular salad dressing | 10 | 5 | 0 |
| 6. Eat regular hot dogs, lunch meat, bacon or sausage more than once a week | 10 | 5 | 0 |
| 7. Remove excess fat from meat and skin from poultry before cooking/eating | 0 | 5 | 10 |
| 8. Balance high fat foods with lower fat choices during the day | 0 | 5 | 10 |
| 9. Eat a total of 4 ounces of regular cheese a week | 10 | 5 | 0 |
| 10. Choose pastries, doughnuts or muffins for breakfast or snacks | 10 | 5 | 0 |

### Scoring

**0–45**    It's time for some changes. Look for reduced-fat versions of your high-fat favorites such as cheese, meats, and pastries.

**50–80**    You're on your way but you need a few adjustments. Use the new food labels to tally your fat grams for a couple of days to determine where you can trim excess fat.

**85–100**    Keep up the good work! If you want to fine tune your habits, review questions where you scored 5 points or less.

## ❖REVIEW OF PERSONAL FOOD RECORD

1. Review your food record. List four foods that contain fat.

   a.

   b.

   c.

   d.

2. Describe the term "hidden fat".

   Referring to table 5.1, list five foods that contain unseen fats.

   a.

   b.

   c.

   d.

   e.

3. Define "saturated fats."

   Referring to your food record, list two foods that contain saturated fat.

   a.

   b.

4. Define "monounsaturated fats."

   Referring to your food record, list two foods that contain monounsaturated fat.

   a.

   b.

5. Define "polyunsaturated fats."

   Using your food record, list two foods that contain polyunsaturated fat.

   a.

   b.

6. List foods that have unsaturated fats that might replace the "hidden fat" foods that you listed in #2.

   a.

   b.

   c.

## ❖EVALUATION OF FAT CONSUMED

### Fill in the blanks:

The total fat intake percentage of your total energy intake should be _____ % to _____ %.

The saturated fat intake of your total energy intake should be _____% or less.

Cholesterol intake should be limited to _____ mg/day.

### From your bar graph printouts, determine the following:

1. Total fat grams consumed _____

2. Total calories consumed _____

3. Determine the percentage of your total calories from fat.

$$\frac{\text{Total grams of fat} \times 9 \text{ kcal/gram}}{\text{Total calories consumed}} \times 100 = \underline{\hspace{1cm}} \text{ fat percentage}$$

4. If your percentage is more than the recommended amount, list three ways that you could lower your fat content.
   a.

   b.

   c.

5. Total grams of Cholesterol consumed _____

6. If your cholesterol amount is higher than the recommended amount, check your spreadsheet and list three foods that might replace those that are high in cholesterol.
   a.

   b.

   c.

# ❖FOOD RESEARCH CALCULATION

You have eaten a grilled cheese and tomato sandwich (2 ounce processed American cheese, 2 slices of white bread, 2 slices of tomato, and 1 tablespoon of butter for the grilling process). You have also consumed a small bag of barbeque corn chips (2 ounces). As your beverage, you had 8 ounces of whole milk. You then consumed a piece of warm apple pie topped with a 1/2 cup of vanilla ice cream.

Using the Food Composition Table from Appendix B in your textbook, and the table below, calculate the following:

- Grams of total fat
- Grams of saturated fat
- Grams of monounsaturated fat
- Grams of polyunsaturated fat
- Calories

| Food | Serving Size | Fat (grams) | Saturated Fat (grams) | Monounsaturated Fat (grams) | Polyunsaturated Fat (grams) | Calories |
|------|--------------|-------------|-----------------------|------------------------------|------------------------------|----------|
|  |  |  |  |  |  |  |
|  |  |  |  |  |  |  |
|  |  |  |  |  |  |  |
|  |  |  |  |  |  |  |
|  |  |  |  |  |  |  |
|  |  |  |  |  |  |  |
|  |  |  |  |  |  |  |
|  |  |  |  |  |  |  |
| Total grams | ——— |  |  |  |  | ——— |
| Total calories | ——— |  |  |  |  |  |

Percent of calories from fat:

Percent of calories from saturated fat:

Percent of calories from monounsaturated fat:

Percent of calories from polyunsaturated fat:

What are the WHO recommendations for these fats?

What small changes could you make to decrease the fat in the meal above?

# ❖CONFESSIONS OF A POSTER CHILD FOR HEART DISEASE

By (Reporter) _____

(Name)_____ _____ has achieved a fat intake that deserves attention. I interviewed him because he bragged that he had consumed 196 grams of fat in one day, which is _____% of his caloric intake of 3200 calories. He ate three Big Macs, a stick of pepperoni, a large bag of crunchy pork rinds, (no fruits and vegetables or whole grains). French fries and ketchup are the only vegetable servings that he would consider eating. His % of calories from fat is _____% of the upper limit of the WHO Goal for fat, which is ____%. "So what?", you ask. He is very overweight, and may be at risk for a high cholesterol level and the risk of heart disease. This risk also depends on changing factors that can be changed and some that may not be possible to change such as:

_____

When I interviewed this young man I told him that the fat he eats presents the greatest challenge to his GI tract. He says that he sometimes knows that this is true and is curious as to why this is so. I described the process of digestion to him in the following way:

_____

_____

_____

Once I discussed digestion and absorption of fat with him, I explained a little bit about how the body uses fat after it is absorbed. This process is directed by a very important body organ, the _____. I told him how the body uses the _____ fat that he eats to make more cholesterol while the cholesterol from foods such as eggs or liver raises his blood cholesterol even more. When I told him that there are two important lipoproteins that help carry fat in the body he was very interested that one was called "good" and the other was called "bad". I told him that the "good cholesterol", also known as ____, actually _____ cholesterol from the body. He guessed that the "bad cholesterol", also known as ____, must do the opposite and that these lipoproteins probably _____ cholesterol in the body. He said that he wants to get rid of the bad cholesterol and increase more of the good kind in his body.

To reduce "bad cholesterol" this young man should:

To increase "good cholesterol" he should:

The best part of this story is that this individual has decided to follow my advice and to consume healthier foods. Some of the foods that he will eat will include the following:

# ❖MEDITERRANEAN DIET CONSULTANT CHALLENGE

You are contacted to develop a sample single day menu for four individuals. All of them are interested in the Mediterranean diet as a tool to improve health and well-being because they have recently read the book Low-Fat Lies by Drs. Flynn and Vigilante (of Providence). If you are successful in your assignment, you will earn a job as their personal nutritionist.

All of these individuals would like good tasting food that is convenient to prepare. They are also willing to follow the doctor's directions and to eat at least three times each day.

1. George is a 47-year old male recently diagnosed with cardiovascular disease. He has a high cholesterol level, high blood pressure, a low HDL, and a high LDL. His doctor has prescribed an 1800 to 2000 calorie diet. He is gaining weight every year and has a high stress job.

2. Marion is a 54-year old woman who is slim and active. She is at the conclusion of menopause and has been identified as being at risk for osteoporosis. She has always worried about her weight and follows a 1500 calorie diet so that she won't "get fat". Marion does not take estrogen so she needs 1500 mg of calcium in her diet.

3. Sally is a 40-year old mother of three who has just found that out her cholesterol and blood pressure are a little high. She is overweight and does not exercise. Since she works part time, in addition to being a homemaker, she is quite pressed for time. Her mother is hiring you because the doctor has recommended that Sally see a nutritionist for a 1200 calorie diet.

4. Joe is a 25-year old who lifts weights and has been eating only a small amount of chicken and tuna. He fainted at his gym the other day and was taken to the doctor by his boss who treats Joe like a son. Joe does not want to get fat and is proud that he's lost 35 pounds of his "baby fat" during the last nine months. His boss hires you to assist Joe in planning meals that will consist of 2,200 calories per day, the number of calories recommended by his doctor for a male of Joe's age, height, and suggested weight.

## Group Work

## Helpful Resources

—Workbook Chapter 2 "Number of Servings to Meet the Food Guide Pyramid Recommendations"

—Textbook Chapter 2 on "The Mediterranean Diet"

—Appendix C (Food Composition Tables)

## Process

Select a group leader to report to the class and someone to serve as the recorder in the group who will report to the class (write the "highlights" of your results on the blackboard).

1. Begin by referring to the Food Guide Pyramid calorie level guidelines on the number of servings to meet the food guide pyramid recommendations.

2. Note the basic foods and the Pyramid construction of the Mediterranean Diet in Chapter 2. Remember that the level of fat is higher here and you will have to carefully evaluate the high calorie value of fat.

3. Use the "Mediterranean" foods listed in Chapter 2, and others that are appropriate, to plan menus for one day. Decide on possible snacks and include them in your plan if you wish.

4. Compare your final results to the number of servings recommended for the specific calorie level of the person you are considering.
5. Decide how you would present your work to your potential client.

## Checklist for Group Reports

—When planning George's menu, identify how your menu will help to increase his HDL and decrease his LDL. State what his cholesterol and LDL goals should be.

—For Marion's menu, identify the number of servings of dairy products and other foods that contain the suggested amount of calcium that she needs to meet her requirement. Show how your menu will help Marion reach this goal.

—How does your menu accommodate Sally's needs for taste, ease of preparation, and calorie control?

—How will you sell Joe on nutrition? What does he need to know for better nutritional health?

## ❖FAT REPLACERS

1. Define fat replacers.

2. Use the table below to identify examples of fat replacers and their potential uses.

| Type of Fat Replacer | Example | Uses |
|---|---|---|
| Protein-Based | | |
| | | |
| | | |
| | | |
| Carbohydrate-Based | | |
| | | |
| | | |
| | | |
| Fat-Based/Lipid Analogs | | |
| | | |
| | | |
| | | |
| | | |

3. Do you feel that there is a need for fat replacers in the American diet? Explain your position.

# Chapter 6 Protein Identification

## Across

4. The building block of protein

6. Keeping a balance in metabolic functions in the body

9. A nutrient that must be obtained in the diet

10. A protein that speeds up chemical reactions

## Down

1. Protein deprivation

2. A food containing all the essential amino acids

3. When protein intake matches protein loss

5. A change in protein structure

7. Protein and calorie deprivation

8. Fluid retention

Source: www.varietygames.com

# ❖PROTEIN FUNCTIONS IN YOUR BODY

Your group will be assigned a function of protein taken from Chapter 6, "Functions of Protein".

- Explain the function of that particular protein by creating a visual such as a cartoon, an advertisement, or a jingle.


- You are also responsible for writing the function of the protein on the worksheet.
    - Group1 Structural proteins

    - Group 2    Enzymes

    - Group 3    Transport

    - Group 4    Antibodies

    - Group 5    Hormones

    - Group 6    Muscle contraction

    - Group 7    Fluid balance

    - Group 8    Acid base balance

    - Group 9    Neurotransmitters

## ❖PROTEIN IN YOUR DIET

**1.** Refer to the Spreadsheet on your computer printout. List the five foods that you consume that have the highest amount of protein.

   a.

   b.

   c.

   d.

   e.

**2.** List the foods that contain animal protein and the grams of protein associated with them.

| Food | Grams of Protein |
|------|------------------|
|      |                  |
|      |                  |
|      |                  |
|      |                  |
|      | **Total Grams**  |

**3.** List the foods that contain plant protein and their grams of protein.

| Food | Grams of Protein |
|------|------------------|
|      |                  |
|      |                  |
|      |                  |
|      |                  |
|      | **Total**        |

**4.** Do you consume more plant or animal protein? Comment on your answer.

**5.** What percentage of your diet comes from Protein?

   a. From your spreadsheet list the total grams of protein that you consume per day _____

   b. Determine the calories of protein that you consume each day.

     Total grams protein _____ × 4 = _____ calories of protein

   c. Determine the percent of protein.

$$\frac{\text{Total calories from protein}}{\text{Total calories consumed}} \times 100 = _____ \% \text{ of calories from protein}$$

**6.** Determine the percent of protein from animal products.

   a. From your spreadsheet total the grams of protein from animal based foods = _____ grams of animal based protein

   b. Determine the calories of protein you consume from animal based foods.

     Grams protein from animal based foods _____ × 4 = _____ calories   from animal based protein

   c. Percent of Protein from animal products.

$$\frac{\text{Total calories from protein in answer b}}{\text{Total calories from animal based}} \times 100 = _____ \% \text{ of calories from animal based protein}$$

**7.** Determine the percent of protein from plant products.

   a. From your spreadsheet total the grams of protein from plant based foods = _____ grams of protein from plant based foods

   b. Determine the calories of protein you consume from plant based foods.

     Grams of protein from plant based food _____ × 4 = _____ calories from plant based protein

   c. Percent of protein from plant products.

$$\frac{\text{Total calories from protein (in answer b)}}{\text{Total calories from plant based foods}} \times 100 = _____ \% \text{ of calories from plant based protein}$$

## ❖NITROGEN BALANCE ACTIVITY

Define:

- Nitrogen Balance


- Positive Nitrogen Balance


- Negative Nitrogen Balance


Determine whether the following conditions are examples of positive, negative, or nitrogen balance and explain your reason for each.

- A pregnant woman who currently weighs 140 pounds.


- A malnourished 2-year-old who weighs 30 pounds.


- A marathon runner who weighs 150 pounds.


- A cancer patient who weighs 130 pounds.


- A light activity adult who weighs 145 pounds.


In which of the conditions above are protein needs increased?

Prepare a one day menu for one of the cases above. Calculate the grams of protein from the menu as well as the protein requirements for the individual.

| Breakfast | Protein (grams) |
|---|---|
|  |  |
|  |  |
|  |  |
| Lunch |  |
|  |  |
|  |  |
|  |  |
| Dinner |  |
|  |  |
|  |  |
| Total Grams of Protein |  |

Did your one day menu meet the needs of your individual?

If not, how might you adjust this menu?

## ❖ONE-DAY MENU FOR A FEMALE ATHLETE

Calculate the protein requirements for a female athlete who weighs 120 pounds. Using the exchange system, plan a menu for this individual showing the grams of protein for the sources you choose.

Protein requirements = _____ grams

(Weight in kilograms $\times$ 1.1 gm/kg = protein grams per day required)

| Food | Protein (grams) |
|---|---|
| Breakfast | |
| | |
| | |
| | |
| | |
| Lunch | |
| | |
| | |
| | |
| | |
| Supper/Dinner | |
| | |
| | |
| | |
| | |

## ❖VEGETARIAN MENUS

In your assigned group plan a dinner menu for the following vegetarian diets:

### Lacto ovo vegetarian

Appetizer:

Entrée:

Dessert:

### Lacto vegetarian

Appetizer:

Entrée:

Dessert:

### Vegan vegetarian ( you must supply complementary proteins within the meal)

Appetizer:

Entrée:

Dessert:

## ❖ PROTEIN ON YOUR MENU

With your group members create an appetizer, an entrée, and a dessert for a menu that might satisfy the dietary needs of the following individuals.

- A diet with complete protein for a customer who has recently had a heart attack

- A vegan vegetarian diet

- A lacto-ovo vegetarian diet

- A lacto vegetarian diet

- A diet for a customer who is pregnant and who is a vegan

In planning these items consider appropriate serving sizes, and any accompaniments that you might include. Add your restaurant name and describe its concept.

### Reporting Guide
Each student should record information as it relates to the client selected.

- Discuss the menu items and the complete and incomplete protein content.

- Give an explanation of why the protein is complete or incomplete.

- Write a description of any denaturation that occurs in the preparation or the consumption of the food as well.

---

*The group leader is responsible for reporting to the class.

Diet selected _____

Restaurant name _____

Restaurant concept _____

| Menu item | Protein Source | Complete/Incomplete | Explanation |
|-----------|----------------|---------------------|-------------|
| Appetizer |  |  |  |
| Entrée |  |  |  |
| Dessert |  |  |  |

Explain the denaturation process of the protein in your menu.

# ❖SOY PRODUCTS IN MENU DEVELOPMENT

List the nutrients found in soy.

List the non-nutrients found in soy.

Explain the health benefits of soy in the diet.

List the various forms of soy available to the consumer.

Plan a one-day menu using the four forms of soy mentioned in the chapter. Calculate the protein in grams for the soy products and the total menu using the Food Composition Table in Appendix B.

| Breakfast | Protein (grams) |
|---|---|
|  |  |
|  |  |
|  |  |
|  |  |
| **Lunch** |  |
|  |  |
|  |  |
|  |  |
|  |  |
| **Dinner** |  |
|  |  |
|  |  |
|  |  |
|  |  |
|  |  |
| **Total grams of protein from soy** |  |
| **Total grams of protein from menu** |  |

What is your daily protein requirement?

Did you meet this with the above menu?

Do you consume any soy products? Explain why or why not.

# Chapter 7 Vitamins/Minerals

## Across

3. Found in fortified dairy products
4. Found in leafy green vegetables and legumes
5. Functions in blood clotting
6. Deficiency can result in growth failure
8. Involved in cell membrane stability
11. Found in all animal products
12. Toxicity can lead to hypertension
13. Deficiency may lead to tooth decay

Source: www.varietygames.com

## Down

1. Functions in collagen synthesis
2. Toxicity can produce skin flushing
5. Can be obtained by sunlight
7. Involved with bones and teeth
9. Involved in water balance
10. Is a component of hemoglobin

## ❖ WATER SOLUBLE VITAMIN ACTIVITY

Fill in the following chart using Table 7.3, textbook page 110.

| Vitamin | Function | Deficiency | Toxicity | 2 Food Sources | Notes |
|---|---|---|---|---|---|
| Thiamin (B1) | | | | | What do Vitamins, B1, B2, B3 have in common? |
| Riboflavin (B2) | | | | | |
| Niacin (B3) | | | | | |
| Folate | | | | | Very important for women of child bearing age |
| Vitamin B12 | | | | | Particular need of vegan vegetarians |
| Vitamin C | | | | | |

# ❖ FAT SOLUBLE VITAMIN ACTIVITY

Fill in the following chart using Table 7.2, textbook page 113.

| Vitamin | Function | Deficiency | Toxicity | 2 Food Sources | Notes |
|---------|----------|------------|----------|----------------|-------|
| A | | | | | |
| D | | | | | |
| E | | | | | How is selenium related to Vitamin E? |
| K | | | | | |

## ❖ MAJOR MINERAL ACTIVITY

Fill in the following chart using Table 7.7, textbook page 135.

| Major Minerals | Function | Deficiency | Toxicity | Sources | Notes |
|---|---|---|---|---|---|
| | | | | | When particularly needed in life? |
| Calcium | | | | | |
| Phosphorus | | | | | |
| Magnesium | | | | | |
| Sodium | | | | | |
| Potassium | | | | | |

## ❖ TRACE MINERAL ACTIVITY

Using Table 7.7, textbook page 137, fill in the following chart.

| Trace Minerals | Function | Deficiency | Toxicity | Sources | Notes |
|---|---|---|---|---|---|
| Iron | | | | | When particularly needed in life? |
| Zinc | | | | | Particular need of vegans? |
| Fluoride | | | | | |

## ❖Vitamins in Your Diet

1. Using your computer generated bar graph, list the percentage of the DRI that you are consuming for the following fat soluble vitamins:

   Vitamin A _____
   List two foods that would improve your intake.



   Vitamin D _____
   List two foods that would improve your intake.



   Vitamin E _____
   List two foods that would improve your intake.



   Vitamin K _____
   List two foods that would improve your intake.



2. Using your computer generated bar graph printout, list the percentage of the DRI that you are consuming for the following fat soluble vitamins:

   Vitamin B12 _____
   List two foods that would improve your intake.



   Folate _____
   List two foods that would improve your intake.



   Vitamin C _____
   List two foods that would improve your intake.



_____
*Use Table 7.3 for ideas on sources of the vitamins.

## ❖MINERALS IN YOUR DIET

1. Using your computer generated bar graph printout, list the percentage of the DRI that you are consuming for the following major minerals:

   Calcium _____

   List two foods that would improve your intake.

   Magnesium _____

   List two foods that would improve your intake.

   Sodium _____

   List two foods that would DECREASE your intake.

   Potassium _____

   List two foods that would increase your intake.

2. Using your computer generated bar graph, list the percentage of the DRI that you are consuming for the following trace minerals:

   Iron _____

   List two foods that would increase your intake.

   Zinc _____

   List two foods that would increase your intake.

---

\*Use table 7.7 for ideas on sources minerals.

# ❖PROMOTING VITAMIN AND MINERAL INTAKE

In the box below design a logo or advertisement to promote the vitamin or mineral that you have been assigned. Remember that your logo or ad must appeal to your target group.

Other important factors to also consider in the logo or advertisement are the general functions, deficiency symptoms, possible toxicities, and sources in the diet of the vitamin/mineral assigned.

Vitamin/Mineral Assigned _____

Target Group _____

**Advertisement/Logo**

## ❖PLANNING A MENU WITH THE DASH DIET

You have been contracted as a Personal Chef to work with a client who has hypertension and is salt sensitive. Using the DASH diet outlined in chapter 7 and the serving sizes from the Food Guide Pyramid in Chapter 2, plan a one day sample menu that you can show your client.

| Food | Serving size | Grains | Vege | Fruits | Milk | Meats | Nuts | Fats |
|------|--------------|--------|------|--------|------|-------|------|------|
| Breakfast | | | | | | | | |
| | | | | | | | | |
| | | | | | | | | |
| | | | | | | | | |
| | | | | | | | | |
| | | | | | | | | |
| | | | | | | | | |
| Lunch | | | | | | | | |
| | | | | | | | | |
| | | | | | | | | |
| | | | | | | | | |
| | | | | | | | | |
| | | | | | | | | |
| | | | | | | | | |
| Supper | | | | | | | | |
| | | | | | | | | |
| | | | | | | | | |
| | | | | | | | | |
| | | | | | | | | |
| | | | | | | | | |
| Totals for food groups | | | | | | | | |

## ❖MEAL PREPARATION WITH VITAMINS AND MINERALS

Select a mineral and a vitamin that had <90 % or >110% on your bar graph.

- Mineral: calcium, iron, potassium

- Vitamin: thiamin, riboflavin, niacin, vitamin A, vitamin C

Look up the DRI for the vitamin and mineral that you have selected from Appendix C.

- Mineral DRI:

- Vitamin DRI:

Use the Food Composition Tables in Appendix B to design a lunch meal that meets 1/3 of the DRI for your mineral and vitamin.

| Food | Amount | Vitamin (amount) | Mineral (amount) |
|------|--------|------------------|------------------|
|      |        |                  |                  |
|      |        |                  |                  |
|      |        |                  |                  |
|      |        |                  |                  |
|      |        |                  |                  |
|      |        |                  |                  |
|      |        |                  |                  |
|      |        |                  |                  |
| Total |       |                  |                  |

## ❖HERBAL SUPPLEMENTS

Your friend loves to visit the health food store to buy the latest herbal supplements advertised to promote energy and health. Your friend is taking the following supplements:

- Echinacea
- Ginkgo Biloba
- Ginseng
- Goldenseal
- St. John's Wort

Use the table in Chapter 7 to find information on the uses and possible side effects of these supplements.

| Supplement | Uses | Possible Side Effects |
|---|---|---|
|  |  |  |
|  |  |  |
|  |  |  |
|  |  |  |
|  |  |  |

## ❖RECIPE DEVELOPMENT USING PHYTOCHEMICALS

Using the tables in Chapter 7 that contain examples of phytochemicals, develop a smoothie recipe that you would like to market as a "PHYTO SHAKE". The shake must contain at least three sources of phytochemicals.

Recipe: "PHYTOSHAKE"     Serving Size:

| Ingredients | Amount | Phytochemical |
|---|---|---|

**Method of Preparation:**

**Potential Health Benefits:**

# Chapter 8 Digestion

## Across

4. Line the small intestinal tract and function to increase absorption

5. Allows the cells to use nutrients for energy, structure, and regulation

9. The involuntary wave-like muscular contractions that push food through the digestive tract

10. The organ that supplies enzymes and bicarbonate to the small intestine to aid digestion

## Down

1. Circular muscles that close and open to control the flow and disposal of food and wastes

2. Semi-liquid formed in the stomach by peristalsis and gastric juices

3. The breaking down of food into its component parts, i.e., nutrients

6. When the component parts of nutrients are carried to the cells

7. The most important organ in the manufacturing and processing of nutrients

8. A semi-solid mixture of formed food that is swallowed

Source: www.varietygames.com

# ❖INTEGRATING THE DIGESTIVE TRACT WITH THE DIGESTIVE SYSTEM

Fill in the table below identifying the main parts of the digestive tract and their function in the digestive process.

| Organ | Function |
|-------|----------|
|       |          |
|       |          |
|       |          |
|       |          |
|       |          |

Fill in the table below identifying the ancillary organs and their function in the digestive process.

| Organ | Function |
|-------|----------|
|       |          |
|       |          |
|       |          |
|       |          |

# ❖UNDERSTANDING THE DIGESTIVE SYSTEM

You have eaten a ham sandwich with lettuce and tomato, and consumed a cup of 1 % milk. Identify the energy yielding nutrients found in each food item. Next, use the chart below to check off the part of the digestive tract (GI) involved in digestion and the ancillary organ that assists in the process. Explain what happens in the process. Explain what happens in the digestive system/ancillary organ to the respective nutrient.

| Food | *Nutrient(s) | | | *Part of GI Involved | | | *Ancillary Organ | | | | Action |
|------|---|---|---|---|---|---|---|---|---|---|--------|
| | **P** | **F** | **C** | **M** | **S** | **I** | **S** | **L** | **P** | **G** | |
| Ham | | | | | | | | | | | |
| Bread | | | | | | | | | | | |
| Lettuce/Tomato | | | | | | | | | | | |
| Milk | | | | | | | | | | | |

**Key:**

**\*Nutrients:**           P-protein   F-fat   C-carbohydrates

**\*Part of GI Tract:**    M-mouth   S-stomach   I-intestine

**\*Ancillary Organ:**    S-salivary glands   L-liver   P-pancreas   G-gall bladder

# ❖A JOURNEY THROUGH THE DIGESTIVE SYSTEM

## Word Bank

| | | |
|---|---|---|
| Active transport | Amino acids | Amylase |
| Anal | Bacteria | Bicarbonate |
| Bile | Bolus | Carbohydrate |
| Cardiac | Chyme | Composition |
| Duodenum | Emulsify | Energy |
| Enzymes | Esophagus | Facilitated |
| Fatty acids | Fiber | Gall bladder |
| Hormone | Hydrochloric | Ileocecal |
| Ileum | Jejunum | Large |
| Liver | Monosaccharides | Pancreatic juice |
| Peristalsis | Protein | Pyloric |
| Reentering | Salivary glands | Simple |
| Vitamins | Stomach | Surface area |

Fill in the missing words. Use each word only once.

As food enters the mouth it is chewed to increase the _____ _____ . This is mixed with saliva from the _____ _____. The saliva contains the enzyme salivary _____ that initiates _____ digestion.

The chewed food, now termed a _____ , is swallowed and then travels down the _____ by means of _____, a series of muscular contractions.

The entrance of the _____ is separated from the esophagus by the presence of the _____sphincter muscle. This muscle is designed to prevent material from _____ the esophagus.

As the material mixes in the stomach with the aid of _____ acid, it is turned into a liquid mass called _____. The material will remain in the stomach for one to four hours, depending on the _____ of the meal. Digestion of _____ is initiated here.

The material is blocked from entering the small intestine by the presence of the _____ sphincter. Once the material enters the small intestine, the acid is neutralized by the presence of _____ in the _____ _____. This liquid also contains digestive _____ that work on the _____-yielding nutrients.

The presence of fat in the upper small intestine, also called the _____, releases the _____ cholycystokinin. This travels through the blood to the _____ _____ where _____ is stored. This substance was originally produced by the _____. It's job is to _____ fat.

As digestion continues, carbohydrates are broken down into smaller units called _____, fats to _____ _____, and proteins to _____ _____ . These are then absorbed through the intestinal lining by three possible mechanisms. These mechanisms include: _____ diffusion, _____ diffusion, and _____ _____ .

Absorption occurs mainly in the middle and lower portions of the small intestines, namely the _____ and the _____. The remaining material is sent through the _____ value into the _____ intestine. Here _____ works on any undigested material and produces _____.

The remaining waste products, which include indigestible _____ waits for excretion. The voluntary muscle which holds the material in the rectum is called the _____ sphincter. The journey is now complete!

# ❖ALCOHOL AWARENESS ACTIVITY

You are currently involved in a student group that promotes nutrition, health, and exercise. As a representative of the group you are asked to speak to a group of high school students about alcohol awareness.

**1.** List key points you would want to convey to the students.

**2.** What type of presentation would be effective for this age group? List examples that you might use.

**3.** Design a simple 1/2 page handout in the space below that would appeal to this group.

# ❖COOKING WITH ALCOHOL

Alcoholic beverages are a popular addition to many dishes. A variety of types of alcohol can be used to increase the sensory characteristics of a meal. Choose three different alcoholic beverages (wine, beer, hard liquor) and design a menu item that incorporates that beverage. Explain the reason for your choice and how the beverage contributes to the sensory characteristics of the meal.

## Menu item 1 _____

Beverage chosen:

List of ingredients:

Reason for choice:

Characteristics contributed by the beverage:

## Menu item 2 _____

Beverage chosen:

List of ingredients:

Reason for choice:

Characteristics contributed by the beverage:

## Menu item 3 _____

Beverage chosen:

List of ingredients:

Reason for choice:

Characteristics contributed by the beverage:

# Chapter 9 Energy Balance

## Across

1. An eating disorder characterized by the refusal to maintain a minimally normal body weight (<85% normal for height)

3. An internal signal that stimulates a person to acquire and consume food

4. A term used to define overfatness with potential adverse health effects and a BMI of over 30

8. The type of activity which strengthens muscles and improves flexibility, bone density, and muscle endurance

9. An individual with large amounts of visceral fat

## Down

1. A method to assess body weight using physical characteristics such as height and weight measurements

2. Activities such as jogging and swimming where oxygen is required

5. A condition that involves recurring episodes of binge eating that are combined with a morbid fear of becoming fat, often followed by self- induced vomiting

6. Fat which is located deep within the central abdominal area near the vital organs

7. An internal signal to stop eating

Source: www.varietygames.com

## ❖ANTHROPOMETRIC MEASURES

Determine the following according to your own measurements. Use the calculations in your book.

### —Hamwi Method for IBW

Males

106# for the first 5 feet (60 inches) Add 6# for every inch over.

Females

100# for the first 5 feet Add 5 pounds for every additional inch.

### —IBW Range

Add/subtract 10% to your IBW

### —%IBW

$$\frac{\text{Actual weight}}{\text{IBW}} \times 100 = \%\text{IBW}$$

### —BEE

Males

Kg of actual body wt $\times$ 24 $\times$ 1

Female

Kg of actual body wt $\times$ 24 $\times$ .9

### —TEE

BEE $\times$ Activity Factor

Activity Factors (Chapter 9 Table 9.2 )

## ❖YOUR MEAUREMENTS

1. Height _____

2. Current Actual Weight _____

3. IBW _____

4. IBW range _____

5. %IBW _____

6. BMI (Use BMI Chart, Appendix F) _____

7. Body fat % (Bioelectrical Impedance Machine) _____

8. Basal expenditure energy needs (BEE) _____

9. Total energy needs (TEE) _____

In the space below interpret your measurements according to the anthropometric standards in your book.

# ❖CHECKLIST FOR EVALUATING WEIGHT LOSS DIETS

Review the qualities of a sound weight control program by creating four critical points to evaluate four popular diets currently on the market.

| Weight control program | Critical point: | Critical point: | Critical point: | Critical point: |
|---|---|---|---|---|
| | Example:<br>Diet is<br>nutritionally<br>balanced | | | |
| Example:<br>Low carbohydrate/high<br>protein and fat | Is not balanced | | | |
| | | | | |
| | | | | |
| | | | | |

# ❖A Reporter's Assignment for the 11 O'clock News

As a reporter for Channel 12 you are given the assignment of reporting on "Fad Diets." You decide to interview a clerk at the local health food store and a dietitian who teaches nutrition courses at a culinary school. You have three days to gather your information and three minutes of air time to summarize and report your findings.

List the questions that you will ask your "interviewees" to generate the greatest amount of information.

## Questions:

Health Food Clerk

1.

2.

3.

RD:

1.

2.

3.

## Anticipated Answers:

Health Food Clerk

RD

# ❖DETERMINING CALORIC NEEDS AND DESIGNING AN APPROPRIATE DAILY MENU

Complete the following chart based on the information given.

| Gender | Height | Actual Weight | Age | Activity Level | Ideal Weight | Weight Range | BMI | Calorie Needs |
|---|---|---|---|---|---|---|---|---|
| Male | 5'10" | 155 | 45 | Highly active | | | | |
| Female | 5'5" | 150 | 36 | Low activity | | | | |
| Male | 6'4" | 200 | 21 | Moderate Activity | | | | |
| Female | 5'0" | 95 | 18 | Highly active | | | | |

Calculations are found in the text and in the Anthropometric Measures Activity.

Choose an individual from the preceding chart and plan a daily menu that will meet his/her needs. Use the exchange lists in Appendix E and the food composition tables to determine the calories and protein in the menu.

Individual _____

| Daily Menu | | | |
|---|---|---|---|
| **Food** | **Amount** | **Calories** | **Protein** |
| Breakfast | | | |
| | | | |
| | | | |
| | | | |
| | | | |
| Lunch | | | |
| | | | |
| | | | |
| | | | |
| | | | |
| Supper/Dinner | | | |
| | | | |
| | | | |
| | | | |
| | | | |
| Snacks | | | |
| | | | |
| | | | |
| Total | | | |

## ❖ATHLETIC SNACK DEVELOPMENT

Calculate the number of calories you burn when playing recreational volleyball for one hour. Using the exchange lists, devise a snack that would enhance athletic performance and equal the caloric value that you burned.

# of calories burned = _____

| Food | Calories |
|------|----------|
|      |          |
|      |          |
|      |          |
|      |          |
| Total |         |

Use the space on the back of this page to develop a strategy to promote this snack for high school athletes.

# Chapter 10 Nutrition and the Lifespan

## Across

2. The developing baby

3. A growing baby's lifeline to the mother

8. A time of growth from puberty to full maturity

9. A disease with painful joint swelling

10. A period when sound nutritional choices are critical for good health

Source: www.varietygames.com

## Down

1. The period from birth to one year

4. The period of growth in major organ systems that require specific nutrients

5. The two week period after fertilization

6. The second stage of pregnancy characterized by major organ formation

7. A government program providing education, wholesome foods, and infant formula to clients at a reduced cost

## ❖STAGES OF PREGNANCY

Complete the following table by identifying the stages of pregnancy.

| Pregnancy Stage | Time Frame | Characteristics |
|---|---|---|
|  |  |  |
|  |  |  |
|  |  |  |

Explain what is meant by "critical periods of development" and when they occur.

## ❖ADOLESCENT EATING BEHAVIORS

Think back to your middle school and high school years. Describe your eating habits during each period.

Middle School/Junior High:

High School:

What influences contributed to your food choices?

Middle School/Junior High:

High School:

What recommendations would you make to a teenage boy/girl who is overweight?

Suggest an after school or evening snack for this student.

## ❖MENU DEVELOPMENT FOR THE PREGNANT TEENAGER

What nutrients are raised during pregnancy?

What additional concerns are there for a pregnant teen?

You have been assigned a community service site at a home for pregnant teenagers. Develop a one-day meal plan for a pregnant teen. Calorie needs = 2500, protein = 80 grams

| Food source | Amount | Calories | Protein (gm) | High Nutrient | Serving/Group from FGP |
|---|---|---|---|---|---|
| Breakfast | | | | | |
| | | | | | |
| | | | | | |
| | | | | | |
| | | | | | |
| | | | | | |
| Lunch | | | | | |
| | | | | | |
| | | | | | |
| | | | | | |
| | | | | | |
| Supper/Dinner | | | | | |
| | | | | | |
| | | | | | |
| | | | | | |
| | | | | | |
| Snacks | | | | | |
| | | | | | |
| | | | | | |
| | | | | | |

# ❖A Special Dinner

A male culinary student at the early adulthood stage of the lifespan is planning to prepare a birthday dinner for his girlfriend of the same age. Identify the menu items that will help this young lady to meet the special needs for women of child-bearing age including three nutrients that are especially important at this time of life.

Identify these nutrients, the DRI/RDA for each one, their functions, and two or three menu items that would include these nutrients.

| Nutrients | DRI/RDA | Functions | Menu Items |
|-----------|---------|-----------|------------|
| 1. | | | |
| | | | |
| | | | |
| | | | |
| 2. | | | |
| | | | |
| | | | |
| | | | |
| 3. | | | |
| | | | |
| | | | |
| | | | |

How do alcohol and smoking affect the body's use of the three nutrients listed above?

## ❖AGE-RELATED CHANGES IN NUTRITION

What causes caloric needs to decrease as a person ages?

How can this decrease be rectified?

List physical changes to the senses that can impact food intake and choices.

| Sense | Impact |
|-------|--------|
|       |        |
|       |        |
|       |        |

## ❖MENU PLANNING FOR THE ELDERLY

You have recently applied for a job in a local retirement home where you are asked to revise the menu. The administrator asks you to develop a one-day menu as part of the interview process. Using Tables 10.10 and 10.11 show your creative talents in fulfilling this task.

| Meal | Food item | Amount/Quantity |
|------|-----------|-----------------|
| Breakfast | | |
| Lunch | | |
| Supper/Dinner | | |
| Snack | | |

## ❖ADVICE FOR MOM ABOUT GRANDMA'S HEALTH

(Use Chapter 10 as a reference for your work)

Write a brief letter to your mom about how to help your recently widowed grandma eat well. *Grandma will continue to live in the same apartment, but she will be living alone for the first time in her life.

Your mom wants to shop with grandma to point out foods that will help her stay healthy for many more years. Create a shopping list of nutrient dense foods that provide the nutrients needed by older adults. Tell mom of the benefits of these foods and add suggestions for easy combinations of basic foods that grandma can have for snacks or light meals as well.

Also explain the physiological changes of late adulthood that your mom should consider when selecting foods and also emphasize the importance of social eating (eating with other people) for the elderly.

*Dear Mom,*

---

* If this situation does not apply to your family, write to a fictional care-giver of an older adult.

## ❖CHOOSING A LIFESPAN MARKET BASKET

1. Create a "mystery basket" of foods representing at least four of the most important nutrients for one of the stages of the lifespan.

2. Identify the life stage, the targeted nutrients, and the reasons for their importance at that time in life.

3. As a final step, create a menu using the foods in your basket and other nutrient dense products you might add.

   Life stage_____

   Nutrients 1._____2._____3._____4._____

   Reason for importance of the nutrients _____

Create a menu incorporating the items that you have in your "mystery basket".

| Foods | Major nutrient | Major Nutrient | Major Nutrient | Major Nutrient |
|-------|----------------|----------------|----------------|----------------|
|       |                |                |                |                |
|       |                |                |                |                |
|       |                |                |                |                |
|       |                |                |                |                |
|       |                |                |                |                |
|       |                |                |                |                |
|       |                |                |                |                |

| Food Item | Amount |
|---|---|
| Breakfast | |
| | |
| | |
| | |
| | |
| Lunch | |
| | |
| | |
| | |
| | |
| Supper/Dinner | |
| | |
| | |
| | |
| | |

## ❖FAMILY HISTORY

Draw a family tree going back as far as you can remember. After doing so fill in information on each member of your family that includes their age(s), cause(s) of death, and their medical history.

**Family Member**                          **Health History**

Example:
Maternal grandmother                       Currently 79, suffers from diabetes, high blood pressure

What diseases are seen most frequently in your family?

What lifestyle choices (diet, exercise, smoking, alcohol consumption, etc.) can you make to reduce your risk of these diseases?